Extraordinarias oraciones *de la* Biblia

Extraordinarias oraciones *de la* Biblia

EL PODER TRANSFORMADOR PARA SU VIDA

Jim George

PORTAVOZ

Título del original: *The Remarkable Prayers of the Bible,* © 2005 por Jim George y publicado por Harvest House Publishers, Eugene, Oregon 97402. www.harvesthousepublishers.com

Edición en castellano: *Extraordinarias oraciones de la Biblia,* © 2006 por Jim George y publicado por Editorial Portavoz, filial de Kregel Publications, Grand Rapids, Michigan 49501. Todos los derechos reservados.

EDITORIAL PORTAVOZ
P.O. Box 2607
Grand Rapids, Michigan 49501 USA

Visítenos en: www.portavoz.com

ISBN 978-0-8254-0527-3

1 2 3 4 5 edición / año 16 15 14 13 12

Impreso en los Estados Unidos de América
Printed in the United States of America

Contenido

Unas palabras para el viaje

Ha pensado alguna vez en lo privilegiado que es usted al poder escuchar las oraciones de los hombres y las mujeres de la Biblia? La Palabra de Dios dice: "de la abundancia del corazón habla la boca" (Mt. 12:34) y las extraordinarias oraciones de la Biblia nos brindan una visión de los corazones de los que oraron, no en un vacío estéril, sino en medio de la vida real. De estas personas sencillas, escuchamos:

- Oraciones de personas que simplemente disfrutaban hablar con Dios.
- Oraciones llenas de alegría, angustia y todos los demás sentimientos.
- Oraciones que dan una comprensión profunda del carácter y los deseos de los que oran.

- Oraciones dichas por seres humanos que eran honestos, estaban necesitados y eran vulnerables.
- Oraciones que revelan las virtudes y los defectos de aquellos en íntima comunión con Dios.
- Oraciones que muestran a estos hombres y estas mujeres como personas, como usted y como yo, que no deseaban más que conocer a Dios.

Mientras camina junto a la docena de hombres y mujeres de extraordinaria oración que aparecen en este libro, tendrá la oportunidad de examinar el contenido de sus oraciones y de ser testigo de su método de oración. Descubrirá qué ocurría en sus vidas que dio lugar a su sincera comunicación con Dios. También conocerá las nobles cualidades que fueron nutridas gracias a su devoción de dedicarle tiempo al Padre celestial.

Su incursión en las vidas y oraciones de estos doce hombres y mujeres corrientes de la Biblia lo ayudará a crecer en su fe en Dios y su comprensión de la importancia de la oración. Cada capítulo incluye valiosas "Enseñanzas sobre la oración" y "Principios de oración" tomados de la vida del hombre o de la mujer que se está reseñando.

¿Cuál será el resultado para usted personalmente después de leer este libro? Oro por que usted se sienta…

> alentado a orar más regularmente,
> estimulado a conocer a Dios mejor por medio de la oración,
> movido a interceder a favor de otras personas, e
> incitado a convertirse más en una persona de oración poderosa.

Amigo mío o amiga mía, lo que encontrará en este libro es información de la Biblia, sobre personas reales y sobre la oración, que transformará su vida. Que Dios los fortalezca y los bendiga en el mejor viaje de sus vidas; el viaje que los convertirá en un hombre o una mujer de extraordinaria oración.

Capítulo 1

Abraham...
un hombre
de extraordinaria fe

Y creyó a Jehová, y le fue contado por justicia.
—GÉNESIS 15:6

A menudo he oído decir que si uno quiere conocer las peores facetas de una persona, debe ir de viaje con ella. El acto de viajar usualmente pone de manifiesto el lado oscuro de una persona, ¿no es verdad? Pero no en todas las personas. Tomemos a mi esposa Elizabeth, por ejemplo. ¡Es toda una veterana! Persona recalcitrantemente hogareña, las aventuras de Elizabeth comenzaron en medio de la noche hace unos 20 años. Fue cuando le hice una llamada (de cobro revertido, por supuesto) desde un teléfono público en el aeropuerto Changi de Singapur y le pedí que empezara a orar sobre la posibilidad de realizar trabajo misionero en esa minúscula isla del mar de la China meridional.

¡Bueno, ese fue solo el comienzo! Después de mucho orar y asesorarme, me llevé a Elizabeth y a nuestras dos hijas a

Singapur... con una escala de una semana en Taiwán (¡y un tifón!)... y de ahí a Singapur por un año, viviendo con las maletas siempre hechas, mudándonos constantemente de lugar, sin hallar nunca un lugar que pudiéramos llamar hogar... y finalmente, de vuelta a los Estados Unidos... para mudarnos cuatro veces antes de poder asentarnos en nuestra antigua casa. Y desde entonces, nuestras vidas han sido así.

Sí, viajar puede revelar el lado oscuro de las personas. Pero también puede exponer las mejores cualidades, como es el caso nuestro. No sé cuántas veces nuestra fe en Dios y en su plan para nosotros fue cuestionada en nuestros numerosos viajes de ministerio durante décadas. De la misma manera que hemos aprendido a orar y confiar en Dios para su protección y su provisión, sin duda, nuestra fe (especialmente durante aquel año en que fuimos a Singapur) ha sido puesta a prueba... y se ha fortalecido.

La prueba de fe

Hace unos 4.000 años, hubo otro hombre y otra familia, que pasaron por una prueba de fe en Dios Todopoderoso mucho mayor aun. Su nombre fue Abraham, el padre de la nación judía.

Imagínese que escucha la siguiente directiva: "Vete de tu tierra y de tu parentela... a la tierra que te mostraré" (Gn. 12:1). Con estas palabras, Dios le hizo a Abraham una prueba de fe. Le pidió a Abraham que desarmara su tienda, dejara a sus parientes y fuera a una tierra distante, una tierra a la que más tarde se le pondría nombre. Viajar hoy día es difícil y puede ser muy duro, ¡pero imagínese hacer un viaje hace 4.000 años! En aquella época, viajar era una tarea difícil. Muy pocas personas abandonaban la seguridad de su ciudad y mucho menos atravesaban cientos de kilómetros a lo largo del desierto.

Cuando Dios pone una prueba, sus hijos tienen que tomar una decisión. Y fue igual en el caso de Abraham. Él pudo haber dicho: "No, gracias, Dios. Muy pocas garantías. ¡Demasiado riesgoso, Señor!" Pero no lo hizo. Él aceptó el reto: "Pasó la prueba", por así decirlo. Él respondió con fe.

La fe en Dios se convirtió en una marca distintiva en la vida de Abraham. Desde el inicio de su viaje con Dios, ya fuera que oyera al Señor hablarle directamente a él o lo oyera en visiones, Abraham escuchaba, creía, confiaba y obedecía. Aunque no siempre entendía. A menudo "hablaba" con Dios por medio de la oración. Y a veces trataba de incorporar su propio razonamiento a sus conversaciones de oración con Dios. Pero al final, Abraham "creyó a Jehová" (Gn. 15:6) y se convirtió en un canal de bendición para las naciones (12:3).

Estoy seguro que usted es igual que yo y la mayoría del pueblo de Dios que desean ser un hombre y una mujer de gran oración y de gran fe. Por lo tanto, en este capítulo, viajaremos junto a Abraham en su viaje de fe, en su camino con Dios. Quizás... solo quizás, nosotros también podamos fortalecer nuestra fe cuando recorramos el camino junto a Abraham, escuchando sus extraordinarias oraciones a Dios y las conversaciones de Dios con él a través de toda su extraordinaria vida.

La oración en la vida de Abraham

Sabemos muy poco del origen de Abram. (Abram era el nombre de Abraham antes de que Dios lo cambiara a fin de reflejar su pacto con Abraham, Gn. 17:5). Sí sabemos, sin embargo, que

Abraham era descendiente de Sem, uno de los hijos de Noé y que se casó con Sarai (luego llamada Sara), su hermanastra. Por la elección soberana de Abraham por Dios, tenemos el privilegio de seguir la vida de un hombre que, sin duda, tenía los pies de barro, igual que usted y yo. Pero Abraham también era un hombre que convirtió la oración en parte vital y natural de su relación con Dios. Las oraciones de Abraham, ofrecidas a Dios en diversas circunstancias y en diferentes momentos de su vida, nos dan una oportunidad especial de aprender del proceso de crecimiento de este extraordinario hombre de fe y de sus extraordinarias oraciones.

Abraham respondió el llamado de Dios: El primer mensaje documentado de Dios a Abraham aparece en Génesis 12:1. Taré, el padre de Abraham, acababa de morir. En el momento inicial de la comunicación entre Dios y Abraham, Dios era el único que hablaba: "Vete de tu tierra… a la tierra que te mostraré", ordenó Dios. ¿Y cuál fue la respuesta de Abraham? Aunque no se registra ninguna respuesta oral, la Biblia informa que: "se fue Abram, como Jehová le dijo" (v. 4).

Ahora avancemos unos 35 años a otra prueba de obediencia de Abraham. Abraham había orado y esperado por un hijo durante 25 años. Y al fin, Dios le dio el heredero prometido (21:1-3). Bueno, una cosa es que te pidan que abandones tu país, pero esta vez Dios dio una orden muy diferente: "Toma ahora tu hijo, tu único, Isaac, a quien amas… y ofrécelo allí en holocausto… " (22:2).

¿Qué hizo Abraham? (¿Y qué haría usted como padre o madre?) Sin decir palabra, inmediatamente y temprano a la siguiente mañana, Abraham obedeció (v. 3). ¡Esa sí es una impresionante fe y confianza en Dios! De nuevo Abraham demostró lo que debe ser siempre la respuesta final a Dios: Obediencia. Y como usted debe saber de esta antigua historia, el Ángel del Señor intervino cuando Abraham extendía su mano para sacrificar a su hijo (22:11-12).

La obediencia de Abraham fue puesta a prueba en ambos extremos de su vida. Y en las dos ocasiones, Abraham no se resistió a la orientación de Dios. No expresó verbalmente ninguna objeción. Por sus acciones, estaba asintiendo en su corazón. Puede haber tenido algunas dudas mientras empacaba y salía hacia lo desconocido, pero salió en obediencia. Probablemente había muchos temores y preguntas en el corazón de Abraham mientras él e Isaac subían al monte donde habría de sacrificar a su hijo. Pero sin decir palabra y sin titubear, Abraham estuvo dispuesto a obedecer.

Una enseñanza para aprender acerca de la oración

¿Qué dicen sus acciones diarias sobre la actitud de su corazón? ¿Su actitud es de obediencia? ¿Qué evidencias existen de sus no expresados sí a la comunicación de Dios con usted por medio de su Espíritu y mediante su Palabra? ¿A qué respuestas de Dios le está usted poniendo resistencia? Pídale a Dios que aumente su fe cuando salga al futuro desconocido. Pídale que le dé un corazón dispuesto a obedecer. Que esta sea su oración: "Habla, porque tu siervo oye" (1 S. 3:10).

Abraham oró a Dios y adoró: Desde el inicio del viaje de Abraham con Dios y durante toda su vida, Abraham construyó altares en su recorrido por la tierra que Dios le había prometido. Ofreció sacrificios en esos altares y oró a Dios (Gn. 12:8; 13:4). Esos altares de adoración, erigidos en medio de un mundo pagano, sirvieron de testigo público de la dedicación de Abraham al único Dios verdadero.

Una enseñanza para aprender acerca de la oración

La oración es testimonio de nuestra fe en Dios. Erigir un altar y orar fue para Abraham lo que para nosotros hoy representa bendecir la comida en un restaurante lleno de gente. ¡Todo el mundo nos ve orar! Por medio de esta acción, queremos expresar algo: "Le debo esta comida a la providencia y la provisión de Dios. Yo soy un miembro de su pueblo y estoy admitiendo mi dependencia de Él, hasta la comida que como". ¿Ha construido usted algún altar últimamente? ¿Ha mostrado públicamente su devoción a Dios?

Abraham a veces olvidaba orar: Hubo una época en mi vida en que no le pedía orientación a Dios para nada. Me había alejado de Dios y lo sabía. No solo había olvidado orar, ¡sino que no quería orar! Y me negué a tomar medidas para arreglar las cosas con Dios. Por supuesto, durante esa etapa en que no busqué la guía de Dios, tomé algunas decisiones incorrectas. Por lo que yo sí puedo identificarme con Abraham durante el siguiente período de su vida.

Por fe, Abraham respondió al llamado de Dios y entró en la Tierra Prometida de Dios, donde construyó un altar al Señor. Pero sucedió una cosa. Se produjo hambre en la tierra. ¿Qué hago? Se preguntaba. Debo ir donde hay alimento, ¿no? ¡Eso es simple sentido común! Este parece ser el razonamiento de Abraham pues se marchó a Egipto durante la época de hambre en busca de alimento.

Parece ser que Abraham reaccionó ante las circunstancias sin orar por la guía de Dios. La confianza y madurez espiritual que Abraham había desarrollado durante el breve tiempo que pasó en la tierra de Canaán, pareció evaporarse al entrar en Egipto. ¿Qué sucedió cuando Abraham confió en sí mismo en vez de en Dios? ¡Se equivocó en estos tres puntos!

- Abraham temía por su vida (12:12). Pensó que moriría de hambre. El temor es un buen indicador de que nos hemos alejado de la voluntad de Dios, pues cuando tememos, no estamos confiando en Dios.
- Abraham mintió sobre su esposa. Le pidió a Sara que mintiera con él acerca de su relación y que dijera que ella era su hermana (v. 13). La explicación racional de nuestras acciones para justificar lo mal hecho es otra señal de que estamos actuando fuera de la voluntad de Dios.
- Abraham escogió la solución del cobarde. Optó por no defender a Sara cuando ella fue llevada al palacio de Faraón (v. 15). No defender lo que es correcto es otra señal más de una conducta errada.

¡Qué diferente pudo haber sido la historia si Abraham le hubiese pedido a Dios la sabiduría para saber qué hacer! Quizás si hubiera hablado con Dios sobre el hambre, Dios le hubiera recordado su promesa de bendecir a Abraham y engrandecer su nombre (vv. 2-3). Las Escrituras nos dicen que Dios protegió a Abraham y Sara de las consecuencias de su temor, sus mentiras y sus malas decisiones. Pero ¿y usted? ¿Qué sucede si usted toma un camino sin consultar a Dios? Dios puede optar por intervenir o puede permitir que usted sufra las consecuencias de sus acciones. Ni usted ni yo debemos suponer que Dios nos sacará de los problemas que causamos o los problemas en que nos metemos, especialmente si decidimos desobedecerlo.

Una enseñanza para aprender acerca de la oración

No hay decisión o asunto que sea demasiado pequeño para orar. No dé nada por sentado cuando se trata de sus preocupaciones. Lo que pudo haberle parecido a Abraham algo que requería un mínimo de reflexión (cuando hay hambre, ir donde hay comida, ¿no? Y si estás a punto de morir, ¡miente!) se constituyó en sus oportunidades de confiar en Dios. No dé nada por sentado cuando se trata de buscar la orientación de Dios. Ningún asunto o problema debe verse como de poca importancia para buscar la ayuda de Dios. La próxima vez que usted esté considerando algo "obvio", algo que parece tan claro que no requiere orar, piense de nuevo... y rápidamente póngase de rodillas y pídale ayuda a Dios.

Abraham respondió con fe: Nos comunicamos con Dios mediante la oración. ¿Y cómo se comunica Dios con nosotros? Nuestras oraciones son respondidas cuando el Espíritu Santo mueve nuestros corazones mientras leemos las Escrituras o experimentamos algún suceso o circunstancia y también por medio de la orientación de consejeros competentes. Pero el Espíritu no habitaba en Abraham. Y no tenía la Biblia. Y no había consejeros. Por lo tanto, Abraham vivió confiando totalmente en su relación con Dios.

¡Pero Dios era lo único que Abraham necesitaba! Luego, por medio de la oración expresaba sus preguntas y preocupaciones a Dios sobre su promesa de darle un hijo. Para Abraham, orar era tan natural como conversar con un amigo o un consejero. Y en muchas ocasiones, Dios como un amigo o consejero, respondió verbalmente las oraciones de Abraham.

He aquí como se desarrolló una de esas sesiones de oración.

Después que Dios le dio a Abraham una gran victoria en el rescate de su sobrino Lot (vea Gn. 14), Abraham rechazó la oferta de riquezas del malvado rey de Sodoma. Por el contrario, insistió en confiar en "Jehová Dios Altísimo, creador de los cielos y de la tierra" (14:22). Luego, en una visión, Dios dijo: "No temas, Abram; yo soy tu escudo, y tu galardón será sobremanera grande" (15:1).

En respuesta a este aliento de Dios y su promesa de una recompensa, Abraham expresó lo que parece ser una queja. Es posible. Abraham pensaba, ¿qué puede ser una verdadera recompensa para mí cuando aún no tengo un hijo? Cuando preguntó: "¿qué me darás, siendo así que ando sin hijo, y el mayordomo de mi casa es ese damasceno Eliezer?" (v. 2).

Abraham continuó la conversación expresando lo que le había estado preocupando durante años. "Mira que no me has dado prole, y he aquí que será mi heredero un esclavo nacido en mi casa" (v. 3). Sin saber cómo Dios cumpliría su promesa, Abraham presentó a Eliezer, su más fiel sirviente, como posible heredero. Y Dios dijo: "No". Entonces, Dios llevó al triste anciano fuera y le dio esta sorprendente promesa visual: "Mira ahora los cielos, y cuenta las estrellas, si las puedes contar... así será tu descendencia" (v. 5). Entonces Abraham respondió con absoluta confianza: "Y creyó a Jehová, y le fue contado por justicia" (v. 6).

En esta oración con Dios, usted y yo podemos ver cuánto Abraham había crecido en su camino de fe. Abraham había sido transformado de un hombre temeroso, vacilante e inseguro de confiar totalmente en Dios. No fue un proceso fácil. No, fue necesario resolver su temor por su vida, su egoísmo y su falta de fe. Pero lentamente, su vida cambió.

Una enseñanza para aprender acerca de la oración

La oración es un acto de fe. Orar es hablar con alguien a quien no se puede ver sobre algo que no se tiene y que aparentemente no se puede obtener. De eso exactamente se trató la vida de Abraham, ¡vivir una vida de fe! Él nos brinda una maravillosa enseñanza: En ocasiones, nuestra confianza puede flaquear como fue el caso de Abraham. Pero a medida que pasen los años y vea cómo sus oraciones son respondidas, a medida que conocemos cada vez más la bondad de Dios, nuestra fe crece.

Las dudas y los temores se desvanecerán para ser sustituidos por una inquebrantable confianza en Dios. Con toda seguridad podrá decir junto al rey Salomón: "ninguna palabra de todas sus promesas... ha faltado" (1 R. 8:56).

Abraham oró por otras personas: Uno de los más grandes ejemplos en la Biblia de oración para interceder por otras personas aparece en Génesis 18. En esta ocasión, Dios visitó a Abraham como el Ángel de Jehová. Dios fue a decirle a Abraham dos cosas: Primero, iba a cumplir su antigua promesa de darle un hijo a Abraham (18:10). Y segundo, juzgaría a Sodoma y Gomorra por su maldad (vv. 20-21).

Abraham estaba sumamente preocupado por lo que Dios había prometido para Sodoma y Gomorra porque su sobrino Lot vivía allí. Entonces, expresó su preocupación en una serie de oraciones donde apelaba a la justicia de Dios. "¿Destruirás también al justo con el impío?" (v. 23).

Después de negociar con Dios: ("Quizá haya cincuenta justos dentro de la ciudad... cuarenta y cinco... cuarenta... treinta... veinte... diez"), Abraham obtuvo una promesa de Dios: "No la destruiré... por amor a los diez" (vv. 24-32). Al final, Dios, por supuesto, hizo lo que era correcto. Desdichadamente, no había ni diez hombres justos en ninguna de las dos ciudades. Dios salvó a Lot y a sus dos hijas y destruyó a todas las personas malas de las dos ciudades.

Una enseñanza para aprender acerca de la oración

De esta interacción entre Dios y Abraham, aprendemos tres enseñanzas sobre la oración. Primero, la respuesta a nuestras oraciones no siempre es inmediata. Abraham esperó 25 años para que Dios le diera un hijo. ¿Podría usted esperar 25 años para recibir respuesta a sus oraciones? ¿Se sentiría satisfecho si una o ninguna de sus oraciones nunca fueran respondidas a su gusto? Debemos ir a Dios orando: "Hágase tu voluntad" (Mt. 6:10), no la nuestra.

Segundo, nuestras oraciones deberán estar motivadas por un deseo de ver a Dios glorificado. Aunque Abraham estaba preocupado por la suerte de las personas en las dos ciudades, estaba más preocupado por el carácter de Dios y preguntó: "El Juez de toda la tierra, ¿no ha de hacer lo que es justo?" (Gn. 18:25).

Tercero, el amor de Dios por los impíos es más grande que el nuestro. Dios no reprendió a Abraham por su interés en los pecadores. Fue Dios mismo el que dijo: "no quiero la muerte del impío" (Ez. 33:11). Igual que Dios animó a Abraham, Él nos anima a orar por aquellas personas sin Cristo. Nunca deje de rogar a Dios por familiares y amigos extraviados.

Abraham tomó una decisión equivocada: A pesar de todas sus extraordinarias cualidades y su extraordinaria vida de oración, Abraham también tenía sus debilidades. Diez años después que Dios declaró su pacto de convertir a Abraham en el padre de una gran nación (Gn. 12:2), Abraham tuvo una caída inmensa en cuanto a su confianza en la promesa de Dios de darle un heredero.

Eso es mucho tiempo para esperar. Y al parecer, Abraham olvidó que, en los años intermedios, Dios había confirmado su pacto (Gn. 15:1-7). Abraham también parece haber olvidado que cuando oró pidiendo seguridad y preguntó: "Señor Jehová, ¿en qué conoceré...?" (v. 8), Dios organizó una detallada ceremonia visual para confirmar sus promesas a Abraham (vv. 9-20).

Pero después de todos esos años de espera, Abraham se enfrentaba al mismo grave problema, aún no tenía un hijo. Es cierto que él había creído a Dios cuando Él confirmó su promesa de darle un hijo por medio de Sara (v. 6). Pero con cada año que pasaba, la promesa parecía estar cada vez más lejos de convertirse en realidad. Ni él ni su esposa se ponían más jóvenes. Se preguntaba cómo podría cumplirse la promesa de Dios.

Mientras Abraham reflexionaba sobre este problema, Sara hizo una sugerencia que era común para la cultura de aquella época: "te ruego que te llegues a mi sierva; quizá tendré hijos de ella" (16:2). Y para que la propuesta fuera más aceptable aún, Sara usó a Dios a modo de justificación: "Jehová me ha hecho estéril" (v. 2).

Nunca se le ocurrió ni a Abraham ni a Sara consultar a Dios sobre lo que estaban planeando. Si hubieran orado, Dios podía haberles refrescado la memoria con los siguientes hechos:

- ¿No había Él protegido a Abraham y a Sara cuando cruzaban el desierto a la tierra de Canaán? Sí.
- ¿No los había Él rescatado de su error garrafal en Egipto cuando le mintieron a Faraón sobre su relación conyugal? Sí.
- ¿No había Él hablado directamente a Abraham en el pasado no muy lejano y había prometido (de nuevo) que les daría un hijo? ¡Un resonante sí!

Cualquiera habría pensado que el hombre que conocía personalmente a "Jehová Dios Altísimo, creador de los cielos y de la tierra" (14:22) habría seguido confiando que Él haría que Sara tuviera un hijo. Habría pensado que al hombre que escuchó a Dios prometerle que sería su "escudo" y su "galardón" (15:1) nunca le habría flaqueado la fe. Incluso después de su larga relación con Dios, Abraham no consultó a Dios sobre sus opciones. Por ende, tomó una decisión equivocada que estuvo basada en tres falsas suposiciones:

- Abraham erróneamente supuso que los argumentos de Sara eran válidos. El hecho de incluir a Dios en su razonamiento enturbió la mente de Abraham.
- Abraham erróneamente supuso que la solución de Sara la haría sentirse feliz y contenta. Era el tipo de razonamiento de: "El fin justifica los medios". Pero a medida que se desarrollaban los acontecimientos, la infelicidad de Sara produjo más tristeza aún cuando la sierva encinta llegó a despreciar a Sara, su señora (16:4-6).
- Abraham erróneamente supuso que las costumbres de los

paganos a su alrededor eran aceptables. No hay que adentrarse mucho en la Biblia para ver cómo el ideal de Dios en el matrimonio, un hombre para una mujer (2:18-25), rápidamente se pervirtió (4:19). Y aquí, Abraham va contra el ideal de Dios. Sin consultar a Dios, cedió ante la presión social de la época. (¿Le suena esto familiar?)

¡Que desastre! Abraham se dejó engañar por sus propios sentimientos y fue llevado a conclusiones erróneas por los motivos no tan puros de su esposa. Lo único que él quería era hacer la voluntad de Dios. Aunque sus motivos eran correctos, acometió mal el asunto. Tomó el asunto en sus manos y creó una situación que aún hoy el mundo trata de resolver, los disturbios que datan de siglos atrás entre árabes (Ismael, el hijo de Abraham con Agar) y los judíos (Isaac, el hijo de Abraham con Sara).

Una enseñanza para aprender acerca de la oración

¿Qué nos puede ayudar a tomar las decisiones correctas en nuestro afán de seguir y hacer la voluntad de Dios? Ni usted ni yo debemos suponer posibles soluciones a nuestra situación. Busque la sabiduría de Dios y la ayuda de consejeros competentes y devotos que pueden ayudarlo a ver todas las opciones disponibles. Luego, pídale a Dios que lo ayude a decidir por la mejor solución, la que lo glorifique más a Él. No haga lo que hizo Abraham; no deje de orar por sus decisiones. La oración es el punto de partida de todas las decisiones que usted tome.

La historia de la fe creciente de Abraham deberá constituir un gran estímulo para cada uno de nosotros. Hubo momentos en que Abraham mostró muy poca fe. Tuvo sus fracasos y transigió en momentos difíciles de su vida. Sin embargo, sus respuestas nos muestran que la fe crece, no en ausencia de lucha, sino en medio de ella. Igual que Abraham, usted y yo tendremos reveses y problemas. La clave para desarrollar la fe y la confianza en Dios es la de buscar su sabiduría. Ore y pídale orientación. Luego, cuando tenga un problema (¡Y seguro que lo tendrá!), podrá confiar en Dios para que lo apoye y lo ayude.

Principios de oración de la vida de
Abraham

▌**La oración protege contra tomar los asuntos en nuestras manos.**

¿Cuál es la primera pregunta que usualmente uno se hace cuando nos enfrentamos a una decisión? Es: ¿Qué puedo hacer? Esta pregunta estudia nuestras capacidades. Uno se pregunta: ¿Tengo la capacidad, el dinero, el poder de convertir mi decisión en realidad? O a veces podemos preguntarnos: ¿Qué debo hacer? Esto tiene que ver con la moral, hacer lo que es correcto, imparcial y justo.

Cuando llega la hora de tomar una decisión, la mejor pregunta es: "Dios, ¿qué quieres que yo haga?" Esta pregunta muestra dependencia del Señor en cualquier situación dada. Cuando se trató de tener un hijo, Abraham no oró y tomó el asunto en sus manos... y el mundo aún lidia con el desastroso resultado.

▌**La oración protege contra tomar decisiones apresuradas.**

¿Cuántas veces no le han pedido que tome decisiones "de improviso"? "Necesitamos una respuesta, ¡ya!" es algo que oímos con demasiada frecuencia. Y en el momento de exaltación y bajo la presión de urgencia, uno puede tomar una decisión cuyas consecuencias pudieran requerir meses y hasta años para deshacerlas. Abraham tomó una mala decisión y usó a la sierva de su esposa para tener un hijo. Si es necesario tomar una decisión apresurada y no hay tiempo para orar, ¡entonces la respuesta es no! ¡No se toman decisiones sin orar!

La oración protege contra la influencia de familiares y amigos.

A veces es difícil tomar buenas decisiones basadas en el consejo de los familiares más cercanos. Son demasiado… ¡cercanos! La relación con ellos puede influir en su opinión. Y a veces, los familiares no tienen el desarrollo espiritual que debieran tener. O tienen una relación tan estrecha con usted y con su problema que no pueden ser objetivos. El resultado es que, con frecuencia, el consejo que dan está viciado de sentimientos, pecado, egoísmo o lo mundano.

Pero cuando usted ora, usted busca la mente de Dios en vez de la mente del hombre. Sara quería tener un hijo y se le ocurrió una solución humanística en torno al hombre. No haga lo que hizo Abraham; él le prestó atención a la familia en vez de orar a Dios.

La oración protege contra la influencia de la cultura.

Hasta cierto punto, somos producto de nuestra cultura. La sociedad tiene una poderosa influencia sobre todas las personas y nadie es inmune al mundo. Por lo tanto, es posible que muchas de las decisiones que tomamos estén influidas por las normas establecidas por nuestra cultura.

Sin embargo, porque algo resulte aceptable en la sociedad no significa que sea correcto. La oración impide que se tomen decisiones culturalmente matizadas… como hizo Abraham.

La oración lo obliga a uno a preguntar: "Dios, ¿cuál es tu norma? ¿Qué dice tu Palabra que debo hacer en esta situación?"

La oración protege contra pasar por alto la voluntad de Dios.

Cuando no se ora, el corazón y los sentimientos pueden dictar la dirección y uno puede llegar a pasar por alto la voluntad de Dios. ¿Qué dice la Biblia sobre el corazón? "Engañoso es el corazón más que todas las cosas, y perverso; ¿quién lo conocerá?" (Jer. 17:9). Para garantizar que sus sentimientos y deseos no impidan que usted escoja la voluntad de Dios, no deje de orar. Ore hasta que su corazón y sus sentimientos sean neutrales. Entonces podrá "oír" mejor cómo Dios le habla mediante su Palabra y por medio de sabios consejos.

Capítulo 2

Moisés...
un hombre de
extraordinaria humildad

Y aquel varón Moisés era muy manso, más que todos
los hombres que había sobre la tierra.
—NÚMEROS 12:3

Cuando usted piensa en humildad y en una persona humilde, ¿en quién piensa? ¿En su pastor? ¿En un amigo? ¿En un colega? ¿En el padre o la madre? Bueno, si tuvo que pensar un poco, ¡entonces habrá empezado a darse cuenta de lo difícil que es hallar mucha humildad en nuestra sociedad de hoy día!

Durante mis años de ministerio, he tenido el privilegio de conocer a muchas personas extraordinarias y devotas que son verdaderamente humildes. Pero la persona que me vino inmediatamente a la mente cuando yo me hice la misma pregunta fue Daniel Anderson, presidente del *Appalachian Bible College*.

¿Por qué Dan Anderson? Quizá la humildad del Dr. A (como lo llaman sus alumnos cariñosamente) se sintetiza en el lema de esta universidad cristiana ubicada en la pequeña ciudad de Bradley, enclavada en los bellos montes Apalaches al sur de Virginia Occidental: "Porque la vida es para el servicio".

Quizás, también, la humildad del Dr. Anderson puede interpretarse considerando la esencia del ministerio de la escuela, del cual él es el exponente principal: "Tratar de cultivar guías y siervos humildes pero seguros".

Pudiéramos tratar de adivinar las razones de la actitud de siervo de este hombre pero si usted tuviese la ocasión de pasar solo unos minutos con él, en seguida descubriría el origen de la humildad de Dan Anderson. Viene de la estrecha e indestructible relación con el más grande de todos los guías y siervos, el Señor Jesucristo.

Por tanto, si alguna vez quiere conocer de cerca y en persona a un gran guía cristiano, que también es un humilde siervo, tome la carretera I-64, I-77 o I-79 Sur, desde cualquier lugar al norte de la universidad, hasta que llegue a la salida 48. En seguida verá el *Appalachian Bible College* [Universidad bíblica de los montes Apalaches]. Es el lugar donde hay 300 guías y siervos, hombres y mujeres, que son iguales a su mentor, Dan Anderson.

El hombre más humilde

La importancia de la humildad en los hombres y las mujeres de Dios está en el hecho de que este rasgo es parte del carácter de Dios. En el Salmo 113:4-6, a Dios lo representan como: "Excelso sobre todas las naciones… sobre los cielos su gloria". Sin embargo: "Se humilla a mirar en el cielo y en la tierra". Maravillosamente, dondequiera que aparece la cualidad de humildad en el Antiguo Testamento, ya sea en un hombre o una mujer, se alaba. Y si busca un poco más, descubrirá que la bendición de Dios es otorgada a aquellas personas que poseen humildad.

Tomemos a Moisés, por ejemplo. La Biblia dice: "aquel varón Moisés era muy manso, más que todos los hombres que había sobre la tierra (Nm. 12:3). Esa es la descripción de Dios sobre el hombre Moisés, que fue escogido por Dios, ¡a los 80 años! Para sacar a su pueblo de Egipto. Sin embargo, una mirada a los primeros 80 años en la vida de Moisés revela a un hombre muy diferente del que se habla en Números 12:3. La humildad no siempre fue tan evidente en la vida de Moisés.

¿De dónde salió la humildad de Moisés? ¿Y cómo se desarrolló? Las respuestas brotan al dividir la vida de Moisés en tercios, en tres etapas diferentes.

Etapa I: De esclavo a príncipe. Todo niño que asiste a la Escuela Dominical ha escuchado la historia del niño Moisés. Nacido de padres que servían a Faraón en Egipto, el pequeño Moisés fue hallado por la hija de Faraón flotando en el río Nilo en una cesta. Moisés fue entonces adoptado por la princesa egipcia. Como hijo suyo, fue criado y educado en el palacio de Faraón, el líder más poderoso del mundo en aquella época (Éx. 2:1-10).

Etapa II: De príncipe a pastor. Pero a los 40 años, al tratar, insensatamente, de salvar a un hermano hebreo, Moisés mató a un egipcio. Al día siguiente, un nuevo intento por ayudar a su pueblo reveló que el asesinato cometido por él el día anterior era de conocimiento de los demás. A fin de no ser capturado, huyó para salvar su vida. Los intentos de Moisés de liberar a su pueblo con su propio poder habían fallado rotundamente (vv. 11-15).

Entonces, durante el siguiente tercio de su vida, Moisés disfrutó de la tranquila existencia del exiliado y vivió como pastor con un pequeño grupo de madianitas. ¡Esto era muy distinto a la vida en el palacio! Durante estos segundos 40 años, el sueño de Moisés de liberar a su pueblo empezó a desvanecerse (Hch. 7:25). La grandiosa imagen que él tenía de sus aptitudes personales comenzó a disminuir hasta que, al fin, estuvo listo para realizar la tarea que Dios había tenido en mente para él desde el primer momento. Al fin se había convertido en el humilde siervo de Dios que se necesitaba para la tarea de sacar a su pueblo de Egipto.

Etapa 3: De pastor a guía. Los últimos 40 años en la vida de Moisés fueron años de conducción poderosa y dinámica y de servicio humilde. Moisés no fue como otros gobernantes de su época, autocráticos y altaneros. No, su estilo se caracterizó por la oración y una humilde dependencia de Dios.

Siga esta evolución: A los 40 años de edad, Moisés, por error, "pensaba que sus hermanos comprendían que Dios les daría libertad por mano suya" (Hch. 7:25). Cuando Moisés tenía 80 años, Dios tenía una relación con él distinta a su relación con otras personas (al menos durante la vida de Moisés). Escuche cómo Dios describe su relación en Números 12:6-8:

> Y él les dijo: Oíd ahora mis palabras. Cuando haya entre vosotros profeta de Jehová, le apareceré en visión, en sueños hablaré con él. No así a mi siervo Moisés, que es fiel en toda mi casa. Cara a cara hablaré con él, y claramente, y no por figuras; y verá la apariencia de Jehová. ¿Por qué, pues, no tuvisteis temor de hablar contra mi siervo Moisés?

La interacción única cara a cara de Moisés con Dios le daría el poder para liberar al pueblo de Dios de la opresión de los egipcios. Y durante los últimos 40 años de Moisés, esta extraordinaria relación de oración le daría a Moisés la fortaleza, el valor, la sabiduría y la humildad que necesitaba para conducir a un grupo de personas muy tercas hasta la frontera de la Tierra Prometida.

La oración en la vida de Moisés

Ahora que estudiamos las extraordinarias oraciones y vida de Moisés, no puedo evitar pensar en lo que dice Santiago sobre las oraciones de mujeres y hombres piadosos:

> Confesaos vuestras ofensas unos a otros, y orad unos por otros, para que seáis sanados. La oración eficaz del justo puede mucho (Stg. 5:16).

Moisés verdaderamente personificó esta verdad. Y su poderosa costumbre de interceder por otras personas era superior a las constantes murmuraciones de los dos millones de personas obstinadas que fueron gobernadas por él durante 40 años. ¿Qué podemos aprender de la vida de oración de Moisés?

Moisés oró esperando una respuesta: El primer encuentro de Moisés con Dios se produjo mientras apacentaba las ovejas cerca de un monte llamado Horeb (Éx. 3:1). Fue ahí donde Moisés vio una zarza ardiendo que: "no se consumía" (v. 2). Cuando se volvió para ver mejor ese fenómeno, Dios comenzó una conversación con Moisés. (Más tarde, en cuestión de meses, Moisés conduciría a los dos millones de descontentos israelitas a Horeb, también llamado Sinaí, el monte donde habló con Dios por primera vez.

Allí, también, él y el pueblo recibirían los Diez Mandamientos de la mano de Dios; Éx. 19:11.)

A lo largo de este extraordinario encuentro de oración con Dios, Moisés y Dios mantuvieron una activa conversación: "Y Jehová dijo"... "Entonces Moisés respondió a Dios"... (Éx. 3:1–4:17). Aquí vemos que se está llevando a cabo una verdadera oración y que es bidireccional. Nosotros le hablamos a Dios y Dios nos habla a nosotros. Por ejemplo, cuando Moisés le preguntó a Dios sobre su carencia de aptitudes personales y presentó su lista de justificaciones de por qué no era la persona indicada para la tarea, Dios le dio respuesta a cada una de las objeciones de Moisés. Esta oración tiene el estilo de un diálogo de una pieza teatral. Está llena de vida, mientras que uno de los que habla parece discutir con el otro. Uno pregunta y el otro responde.

Dicho sencillamente, la oración es comunicación entre las dos partes, entre usted y Dios. Cuando usted o yo abrimos nuestro corazón a Dios, debemos esperar que Él nos hable mediante su Palabra o de los acontecimientos en nuestra vida. Dios puede respondernos que sí, que no, o que esperemos ¡Pero Dios responderá!

Quizá, como en el caso de Moisés, la respuesta de Dios no es la que queremos oír. ¿Y si es una respuesta que no es de nuestro agrado y queremos (igual que Moisés) discutir con Dios sobre ella? Hemos recibido orientación divina, pero tal vez queremos (igual que Moisés) buscar pretextos de por qué no podemos o no queremos responder a la voluntad de Dios. Y a lo mejor (otra vez igual que Moisés) queremos echarnos atrás mientras le explicamos a Dios por qué no puede utilizarnos a nosotros por qué no somos la persona adecuada. Eso fue exactamente lo que hizo Moisés. Escuchen su indecisión... ¡Y aprendan una lección!

- "¿Quién soy yo para que vaya?" (Éx. 3:11).
- "¿qué les responderé?" (3:13).
- "ellos no me creerán, ni oirán mi voz" (4:1).
- "soy tardo en el habla" (4:10).

Una enseñanza para aprender acerca de la oración

Amigo, ¿qué respuestas está recibiendo de Dios que no le gusta o no desea oír? ¿Y qué pretextos está buscando? Usted puede negarse y como en el caso de Moisés, Dios puede poner a un "Aarón" (hermano de Moisés) en su lugar (4:14-15). No desaproveche la bendición de Dios. ¡Dios está hablando! Le está dando orientación. Asegúrese de que está escuchando y de que está dispuesto a aceptar sus respuestas. A Él le agrada hablar con usted y atender sus oraciones. Asegúrese de que a usted le agrada hacer su voluntad (Sal. 40:8).

Moisés ofreció oraciones de alabanza: A veces nos sentimos tan regocijados con la bondad de Dios que prorrumpimos en alabanzas. Si la oración es simplemente la comunión con Dios y la alabanza es una forma de expresar nuestro agradecimiento a Él, entonces la oración y la alabanza van de la mano. Eso fue lo que sucedió con Moisés en dos ocasiones.

La primera manifestación de alabanza de Moisés se produjo al inicio de la huida y el éxodo del pueblo de Dios. A los pocos días de haber salido de Egipto, la situación se presentaba sombría. Faraón se había enterado de que los israelitas andaban errantes por el desierto. Su corazón se había endurecido para con ellos y fue tras lo que él supuso que era un grupo de personas desconcertadas, perdidas en el desierto (Éx. 14:3).

¡Y ahí estaba el pueblo de Dios! Un día, se encontraron en grave peligro de extinción, atrapados por el mar que tenían ante ellos y por el ejército de Faraón que los asediaba por detrás. Pero a la mañana siguiente, Dios había destruido completamente las fuerzas de Faraón, ahogándolos poderosa y milagrosamente en el mar (vv. 5-31).

El pueblo escogido por Dios tenía razones de sobra para regocijarse. ¡Y así fue! Escuchen ahora una parte de la oración de alabanza que Moisés y el pueblo ofrecieron al Dios altísimo:

> Cantaré yo a Jehová, porque se ha magnificado grandemente;
> Ha echado en el mar al caballo y al jinete.
> Jehová es mi fortaleza y mi cántico,
> Y ha sido mi salvación.
> Este es mi Dios, y lo alabaré;
> Dios de mi padre, y lo enalteceré. (15:1-2)

El segundo cántico de oración y alabanza se produjo 40 años después en los campos de Moab. Este extraordinario torrente de alabanza fue dirigido al cielo y a la tierra (Dt. 32:1). Fue ofrecido en respuesta a la guía y la protección de Dios a través de los años. Las palabras que formaban este cántico estaban destinadas a los oídos de Dios, así como a los oídos del pueblo (v. 44)... y hoy, a los oídos suyos y míos:

Escuchad, cielos, y hablaré;
Y oiga la tierra los dichos de mi boca.
Goteará como la lluvia mi enseñanza;
Destilará como el rocío mi razonamiento;
Como la llovizna sobre la grama,
Y como las gotas sobre la hierba;
Porque el nombre de Jehová proclamaré.
Engrandeced a nuestro Dios.
El es la Roca, cuya obra es perfecta,
Porque todos sus caminos son rectitud;
Dios de verdad, y sin ninguna iniquidad en él;
Es justo y recto (32:1-4).

Una enseñanza para aprender acerca de la oración

Nuestras oraciones deben incluir alabanza y acción de gracias. Igual que Moisés, habrá ocasiones en que nuestra oración y nuestra alabanza se ofrezcan de forma audible para que todos lo oigan. Porque nosotros, igual que Moisés y los israelitas, también tenemos mucho que agradecer. Bien lo expresó Moisés: "Él es el objeto de tu alabanza, y Él es tu Dios, que ha hecho contigo estas cosas grandes y terribles que tus ojos han visto" (Dt. 10:21). ¿Por qué cosa se siente usted agradecido en este preciso momento?

Moisés ofreció oraciones de intercesión: Orar por otras personas es un ministerio y una responsabilidad. Al parecer, Moisés estaba constantemente postrado ante el Señor intercediendo y rogando por los demás. Fíjese en este puñado de veces en que Moisés meditó a favor de otras personas ante Dios:

- Moisés, a instancias de Faraón, le pidió a Dios que eliminara varias plagas que afectaban a los egipcios... y Dios respondió (Éx. 8:8-11; 9:28-29; 10:17-19).
- Moisés clamó a Dios en el desierto que le proveyera agua y alimento para el pueblo... y Dios proveyó (agua, 15:24-25; alimento, 16:4).
- Moisés sostuvo en alto su vara hasta que se puso el sol e intercedió en oración mientras Israel luchaba contra una banda de amalecitas... y Dios les dio la victoria (17:8-16).
- Moisés le suplicó dos veces a Dios que no destruyera al pueblo después de haber cometido idolatría con un becerro de oro... y Dios los perdonó (32:9-14, 30-34).
- Moisés oró por el pueblo cuando Dios envió: "serpientes ardientes" como resultado de sus quejas contra Dios y contra Moisés... y Dios los salvó (Nm. 21:5-9).

Una enseñanza para aprender acerca de la oración

En estos tiempos de indulgencia egoísta, es refrescante ver al siervo de Dios hacer peticiones humildemente no para sí, sino para otras personas. Dios presta atención a nuestras oraciones en beneficio de otros. Él es misericordioso y oye las oraciones de los justos (Pr. 15:29). De la misma manera que Dios escuchó las oraciones de un hombre, Moisés y miles de personas fueron bendecidas y protegidas, Dios escucha vuestras oraciones. ¡Solo la eternidad revelará la innumerable cantidad de personas (espero y oro por eso) que fueron bendecidos gracias a que usted intercedió por ellos! Como dijo una persona: "La oración es el delgado nervio que mueve los músculos de la Omnipotencia".[1] ¿Quién necesita sus oraciones hoy?

Moisés oró a Dios en vez de quejarse a otros: En cuanto a Moisés le fue encargado por Dios que dirigiera al pueblo, empezó a llevar sus tribulaciones y problemas a Dios. Continuamente llevaba los problemas que tenía con Faraón al Señor. Y en todos los casos, Dios le dio respuestas. Luego, en el desierto, en las innumerables ocasiones en que el pueblo desobedeció, Moisés no buscó más consuelo que el que Dios le ofrecía. Repetidamente, buscó al Señor para pedirle fortaleza a fin de conducir correctamente al pueblo de Dios.

Una enseñanza para aprender acerca de la oración

A veces nos sentimos tentados de contarles a nuestros mejores amigos, o a cualquiera que esté dispuesto a escuchar, lo mal que nos están tratando o lo mal que andan las cosas. Llevamos nuestros problemas a otras personas que, la mayoría de las veces, no pueden o no quieren hacer nada al respecto. No opte por manifestar sus quejas a otras personas. Por el contrario, opte por llevar sus problemas a Dios, ¡que es quien decididamente puede hacer algo al respecto! ¿Tiene algún asunto que necesita conversar con el Señor ahora mismo?

Moisés oró por otras personas sin importar cómo lo trataban: Jesús dijo: "orad por los que os ultrajan y os persiguen" (Mt. 5:44). Esa parece haber sido la actitud de Moisés durante los 40 años que pasó orando por personas que malinterpretaban sus motivos, cuestionaban su autoridad, sentían celos de su liderazgo y de su relación con Dios y le amargaban la vida. Independientemente de lo que hiciera Moisés, ¡a alguien le molestaba Moisés y su liderazgo! ¿Qué hizo Moisés al respecto? Oró.

- Moisés oró por los que se *quejaban* de él porque no tenían comida (Éx. 16:2-3).
- Moisés oró por los que se *enfrentaban* a él porque no tenían agua (Éx. 17:1).
- Moisés oró por Aarón y María después que se *expresaron* en contra de su liderazgo (Nm. 12:1-16).
- Moisés oró por aquellas personas que, por miedo, se *negaron* a entrar en la Tierra Prometida (Nm. 16:5).

Una enseñanza para aprender acerca de la oración

Orar por nuestros enemigos y por los que quieren hacernos daño no es usualmente nuestra respuesta normal, ¿verdad? Aquí es donde el ejemplo de oración y humildad de Moisés es de vital importancia. Un hombre o una mujer verdaderamente humilde se preocuparía más por la gloria de Dios y por la persona que quiere hacerle daño que por sí mismo. ¿Cuál debe ser nuestra oración de respuesta a los que nos persiguen? Siga el ejemplo de Jesús y ore: "Padre, perdónalos, porque no saben lo que hacen" (Lc. 23:34). ¿Hay algún "enemigo" por el que tenga que orar, que tenga que perdonar?

Moisés oró por los pecadores: Estando Moisés en el monte recibiendo los Diez Mandamientos, Dios le informó que el pueblo estaba cometiendo terribles pecados. Aislado del horrible escenario de pecado, Moisés conservó la perspectiva y rogó a Dios a favor del pueblo. Les dijo: "Vosotros habéis cometido un gran pecado, pero yo subiré ahora a Jehová; quizá le aplacaré acerca de vuestro pecado" (Éx. 32:30).

Entonces, en un sorprendente acto de devoción sacrificial, Moisés oró a Dios: "Te ruego, pues este pueblo ha cometido un gran pecado... que perdones ahora su pecado, y si no, ráeme ahora de tu libro que has escrito" (vv. 31-32).

Una enseñanza para aprender
acerca de la oración

¿Qué tan pesada es la carga que usted lleva por aquellas personas a su alrededor que han caído en pecado? ¿Tiene usted familia y amigos que dicen que son cristianos pero no caminan con el Señor? No aparte la vista. Y no finja que no está sucediendo. Muestre la misma sincera compasión que mostró Moisés. Siga el consejo que aparece en Santiago 5:19-20: "Hermanos, si alguno de entre vosotros se ha extraviado de la verdad, y alguno le hace volver, sepa que el que haga volver al pecador del error de su camino, salvará de muerte un alma, y cubrirá multitud de pecados". ¿Qué tan fiel es usted en orar por hermanas y hermanos descarriados?

Piense conmigo de nuevo sobre el presidente de la universidad cristiana de la que hablé anteriormente. Recuerde la esencia de la escuela: "Tratar de cultivar guías y siervos humildes pero seguros". ¿Es esto lo que usted desea para su vida? Entonces, como el extraordinario siervo de Dios, Moisés y todos los que poseen cierto grado de humildad, usted deberá andar muy próximo a Dios por medio de la oración, porque la fortaleza de la humildad está cimentada en Dios.

Principios de oración de la vida de
Moisés

 La oración examina los motivos.

El tiempo dedicado a la oración permite hacer una pausa para examinar las motivaciones. Nos da la oportunidad para preguntarle a Dios: "¿Por qué estoy haciendo esto? ¿Es por orgullo, egoísmo, culpa, avaricia, temor... o por amor a ti y los demás?" Moisés tuvo los motivos adecuados cuando quiso ayudar a sus hermanos que sufrían. Pero su motivación lo llevó a violar la ley moral de Dios. Para hacer las cosas a la manera de Dios, hay que hacer una pausa, orar, evaluar los motivos y pedirle a Él que nos muestre la forma correcta de proceder.

 La oración perfecciona los métodos.

Cuando usted saque tiempo para pedirle sabiduría y orientación a Dios, Él lo guiará hacia su voluntad para su vida. Dios también le dará instrucciones sobre los métodos que deberá usar para realizar su voluntad. Dios promete lo siguiente: "Te haré entender, y te enseñaré el camino en que debes andar" (Sal. 32:8). Igual que Moisés en su afán por ayudar a sus hermanos, los métodos escogidos por usted pueden no ser los adecuados. Es por eso que la oración es tan importante; puede ayudar a perfeccionar sus métodos mientras usted pregunta: "Señor, ¿cómo quieres que haga esto?"

La oración refrena las emociones.

La próxima vez que tenga los nervios de punta o se le esté acabando la paciencia, ore. Deténgase y pídale a Dios que le calme sus emociones, que le despeje la mente y que le dé de su autocontrol. Si usted está enojado o herido o apurado, ore para que Dios tranquilice su corazón y refrene sus emociones para que usted pueda actuar de una manera en que honre a Dios. Dos veces, Moisés se dejó dominar por los sentimientos y las dos veces hubo graves consecuencias. Recuerde, la persona sabia ora y obedece, mientras que el tonto peca y sufre.

La oración vuelve a examinar las opciones.

Hay ocasiones en que, igual que los hijos de Israel o que Moisés, usted solo es capaz de ver una opción o solución. Sin embargo, siempre hay otra alternativa: ¡La solución de Dios! Mediante la oración, usted puede pedirle a Dios que le dé una opción mejor, ¡no, *la* mejor opción! La oración le da tiempo a usted para pensar y conversar sobre los problemas y las alternativas con su Padre celestial, para ser espiritual en vez de material en cuanto a las decisiones que se tomen, ser prudente en vez de imprudente, ser devoto en vez de terrenal.

La oración regula el tiempo.

El tiempo en el globo terráqueo está regulado por la Hora Meridiano de Greenwich. Y en sentido similar, su tiempo y su servicio a Dios no son diferentes. Están regulados por el tiempo perfecto de Dios. Muy a menudo, nos dejamos llevar por el pánico cuando queremos hacer cosas, ser útiles, avanzar, desplegarnos, ascender. Nos impacientamos y queremos saborear el éxito ¡Al instante! Eso fue lo que le sucedió a Moisés. Dios quería usar a Moisés, pero se necesitarían 40 años más para que Dios lo desarrollara para la tarea. Dios quiere usarlo a usted también y Él regulará el tiempo para los acontecimientos en su vida. ¿Cuál es su tarea mientras tanto? Cuide la profundidad de su vida de oración. La oración lo ayudará a sincronizar su tiempo con el plan de Dios y lo ayudará a desarrollarse mientras usted espera.

La oración enumera nuestros recursos.

Dios ha prometido que Él nos ha dado todo lo que pertenece a la vida y a la piedad (2 P. 1:3). Esto significa que incluso cuando la situación parece desesperada y uno está pasando por los peores momentos de la vida, tenemos todos los abundantes recursos de Dios a la mano. Acudir a Dios mediante la oración y la acción de gracias nos ayuda a recordar todo lo que ya Él nos ha dado y todo lo que nos promete continuar dando.

No hay necesidad de alarmarse en momentos de desesperación. Por el contrario, ore y experimente la paz y la provisión de Dios para cada una de sus necesidades. Enumere los recursos de Dios. ¡Ahí están! Agradezca humildemente ahora por estos, la vida en Cristo, la orientación del Espíritu Santo, cristianos experimentados que pueden darle un sabio consejo, el poder de la oración y añada más a la lista. ¡Usted es bienaventurado por sobre todas las personas! Un día, como Moisés, usted mirará en retrospectiva a toda una vida de la provisión de Dios. Moisés pudo darle las gracias a Dios por 120 años de sus misericordias y su fidelidad (Dt. 7:9) y algún día, usted podrá mirar atrás y darle las gracias a Dios por toda su bondad en su vida.

$\mathcal{A}$na...
una mujer de extraordinaria gratitud

Y Ana oró y dijo: Mi corazón se regocija en Jehová,
Mi poder se exalta en Jehová;
Mi boca se ensanchó sobre mis enemigos,
Por cuanto me alegré en tu salvación.

—1 SAMUEL 2:1

lguna vez ha estado en una situación en la que se ha preguntado: "¿Qué hago aquí? ¿Por qué escogí esta decisión o dirección en particular?" Hace unos años, me vi haciéndome esas mismas preguntas mientras viajaba en un tren abarrotado de gente cuando iba de Madrás, India a Bangalore, otra ciudad de la India. Este era mi primer viaje a este país, que ya de por sí era estresante. Pero en esta visita inaugural, yo me encontraba solo, viajando a una ciudad de cinco millones de habitantes donde no conocía a nadie, sin tener ninguna idea de dónde me alojaría y buscando un ministerio cristiano local del cual no tenía ninguna dirección.

Aunque ya estaba empezando a cuestionar mi cordura, me había montado en el tren con la plena confianza de que Dios respondería todas mis preguntas y proveería todas mis necesidades. ¿Por qué? Bueno, en primer lugar, un grupo de mis compañeros de viaje había orado conmigo antes de que el tren partiera. Le habían pedido a Dios que me diera un lugar donde pudiera alojarme y me guiara al ministerio en cuestión para darles un regalo monetario de nuestra iglesia a fin de comprar Biblias para las personas de esa región. Así pues, partí, un poco aprensivo, pero convencido de que Dios respondería nuestras oraciones.

Mientras daba saltos en el duro asiento de madera del tren y trataba de leer la Biblia y de calmar mi corazón, un hombre se me acercó y se sentó a mi lado. Disculpándose, tímidamente explicó: "Desde el otro lado del tren, lo vi leyendo la Biblia. Yo soy cristiano y vivo en Bangalore. Si no tiene donde quedarse esta noche, mi familia y yo nos sentiríamos honrados de que se quedara con nosotros. Y por cierto, si necesita encontrar algún ministerio cristiano en la ciudad, yo los conozco todos".

¡La respuesta a las oraciones del grupo había llegado a la hora de haber partido de Madrás! Podrán imaginarse lo agradecido que estuve al señor Abraham Thomas por su hospitalidad y su conocimiento de la comunidad cristiana en Bangalore. ¡Y aún más, lo agradecido que estaba a Dios!

La gratitud debe caracterizar la vida del cristiano.

Nos convertimos en cristianos por la gracia de Dios, por medio de su inmerecido favor. No podemos comprar la salvación. No podemos ganar vida eterna. Todo lo que Dios ofrece en una relación con Él por medio de su Hijo Jesucristo nos llega como un obsequio. Tenemos todo lo que necesitamos para la vida y la piedad (2 P. 1:3). ¡Y lo que también es sorprendente es que Dios oye y responde nuestras oraciones! Con todo lo que Dios nos ha dado, ¡somos realmente bienaventurados! Y debemos cantar alabanzas junto al salmista que declaró: "Bueno es alabarte, oh Jehová, y cantar salmos a tu nombre, oh Altísimo; anunciar por la mañana tu misericordia, y tu fidelidad cada noche" (Sal. 92:1-2).

En aquel tren con destino a Bangalore, estuve muy agradecido a Dios por su respuesta a las oraciones y al señor Thomas por su bondad. Y hay muchas cosas más por las que podemos agradecer a Dios. La gratitud debe caracterizar todos los aspectos de nuestra vida: "Gracias, Señor" deben constituir palabras recurrentes a lo largo del día.

Hay una mujer en la Biblia que muestra un corazón especialmente agradecido a las respuestas de Dios a sus oraciones. Se llama Ana y encontramos su historia en el primer libro de Samuel del Antiguo Testamento.

La oración en la vida de Ana

En la vida, es buena práctica detenerse a marcar los: "Primeros acontecimientos" que son especiales: El primer empleo; la primera casa; el primer aniversario de bodas; los primeros pasos del hijo. Cuando usted se esfuerza para hacer una pausa y celebrar, filmar o grabar los acontecimientos primeros, toman un significado mayor y pueden recordarse más fácilmente una y otra vez.

En la vida y las oraciones de Ana, nos encontramos con varios: "Primeros acontecimientos". En Ana, tenemos el primer antecedente bíblico de oración prolongada por una mujer. Es cierto que Rebeca, la esposa de Isaac: "fue a consultar a Jehová". Cuando sus dos hijos aún sin nacer luchaban dentro de ella, preguntó: "¿para qué vivo yo?" (Gn. 25:22). Pero con la introducción de Ana y sus oraciones extraordinarias, observamos detalladamente las acciones de una mujer consagrada cuando tiene que enfrentarse a múltiples y enormes dificultades.

Asimismo, podemos echar una ojeada al corazón de Ana. Vemos su corazón cuando aliviaba sus preocupaciones con Dios á través de la oración y también cuando cantaba alabanzas a Él después que sus oraciones eran respondidas.

Ana oró con la actitud correcta: Desde el comienzo de la historia de Ana y sus extraordinarias oraciones, inmediatamente nos vemos inmersos en un desastre doméstico, un hombre con dos esposas. Y Ana era una de esas dos esposas. A ella la describen como estéril, como una mujer que: "Hijos... no tenía", lo que constituía el mayor fracaso de una mujer casada en la sociedad de su época. Para empeorar las cosas, Ana recordaba su fracaso con frecuencia debido a las provocaciones de la otra esposa de su esposo (1 S. 1:6).

Año tras año, la burla dirigida a Ana continuaba mientras la segunda esposa daba a luz cada vez a más hijos. Pero durante el año descrito en 1 Samuel 1:3-19, cuando Elcana, el esposo de Ana hizo el viaje anual con su familia al tabernáculo para hacer su sacrificio de paz, Ana decidió hacer algo respecto a su problema. Afligida y sin haber comido (1:7) y después de haber recibido muy poco consuelo de su esposo, Ana fue al tabernáculo para abrir su corazón a Dios en oración.

¿Nunca ha oído el lema: "La actitud lo es todo?" ¿Y no ha

descubierto que eso se ajusta a su propia vida? En mi caso sí. La actitud de mi corazón afecta sin duda la forma en que abordo todas las cosas.

En la oración de Ana, la actitud lo fue todo. Se aproximó a Dios con espíritu de humildad. No exigió nada. Ni siquiera habló de forma audible. Simplemente demostró una actitud correcta en su oración mientras hablaba con Dios, refiriéndose a sí misma tres veces como: "tu sierva" (1:11). Este epígrafe nos deja ver el corazón de Ana. Fue una mujer humilde y sumisa que se presentó ante su Dios superior y soberano con el corazón entristecido y contrito.

Una enseñanza para aprender acerca de la oración

Más adelante, estudiaremos la vida y las oraciones de Job. Dios permitió que Job soportara, igual que Ana, una serie de pruebas físicas, mentales y emocionales para inculcarle un importante rasgo; en una sola palabra: Humildad. Sin embargo, a diferencia de Ana, la actitud inicial de Job rayó en pretensiones de superioridad moral y orgullo. Pero con un poco de la ayuda de Dios, Job finalmente entendió. Destrozado, al fin dijo: "Me tanto me aborrezco, y me arrepiento en polvo y ceniza" (Job 42:6).

La lección que Dios le dio a Job fue una lección de humildad. Y Dios usó a Ana para moldear la misma actitud, la que usted y yo también debemos tener cuando nos acercamos a nuestro santo y soberano Dios. Discutir en un espíritu de orgullo arrogante no es la manera de ir a nuestro Dios Todopoderoso. Su posición todopoderosa como nuestro Creador y Padre exige que nuestra actitud sea de humildad. ¿Ha revisado la actitud de su corazón últimamente?

Ana oró en el lugar correcto: Desde los inicios de la era de la iglesia en el libro de los Hechos, el Espíritu Santo ha habitado en los creyentes. Eso significa que usted y yo podemos adorar y orar a Dios en el Espíritu, en cualquier lugar y en cualquier momento (Jn. 4:24). Pero en la época de Ana, los hombres israelitas iban tres veces al año al tabernáculo de Silo para adorar, ofrecer sacrificios y orar (Dt. 16:1-17). En 1 Samuel. 1, leemos que Elcana llevó su familia a Silo para esta observancia. Por lo tanto, Ana estuvo en el lugar adecuado para encontrarse con Dios.

Quizás la seriedad de la actitud de Ana se debía al lugar donde se encontraba, el tabernáculo, la residencia terrenal de Dios en aquella época. Sí, Ana lo había tomado muy en serio. En vez de pensar en sus problemas y regodearse en el sufrimiento y la autocompasión, ella decidió llevar su problema a Dios. En vez de tomar represalias contra su esposo o la otra maliciosa esposa, o perder las esperanzas, Ana acudió al único que podía curar su dolor y arrancar la amargura de su alma, a Dios mismo.

Una enseñanza para aprender acerca de la oración

¿No se alegra usted de no tener que viajar 24 kilómetros a pie para encontrarse con Dios? Eso era lo que Ana tenía que hacer para ir al tabernáculo. Debido al sacrificio perfecto de Jesús en la cruz, usted no tiene que viajar a ningún lugar especial para encontrarse con Dios. Al contrario, usted puede adorar al Padre en el Espíritu en cualquier lugar y en cualquier momento. ¡Esa es la buena noticia!

La mala noticia es que a veces se da por sentado el acceso ilimitado e inmediato al salón del trono del Padre. ¡Es demasiado fácil! El honor, el respeto y la pasión puestos en apelar a Dios pueden perderse en la informalidad del entorno cotidiano. Dondequiera que usted esté, ofrezca sus peticiones con confianza y expectativa reverentes... porque dondequiera que usted ore, usted está en la presencia de un Dios totalmente santo. Cuando usted acude a Dios en la oración, ¿tiene usted cuidado de recordar que, independientemente de donde usted se encuentra, usted está en el más santo tabernáculo de Dios?

Ana oró de la manera correcta: En unos instantes, descubriremos cuál es: "La manera correcta". Pero por ahora, déjeme decirle que no existe ninguna fórmula en específico que uno deba seguir ni ninguna posición que uno debe adoptar para orar de la manera correcta. La Biblia ofrece múltiples ejemplos de personas inclinadas orando, arrodilladas orando, de pie orando, hasta postradas orando. He aquí algunas de las formas diferentes en que el pueblo de Dios oró:

- Moisés y Aarón: "se postraron sobre sus rostros" en muchas ocasiones mientras ofrecían oraciones y ruegos a Dios por los pecados del pueblo (vea Nm. 16:22 para un ejemplo de esto).
- El rey David: Meditaba en la cama y escribió: "Cuando me acuerde de ti en mi lecho, cuando medite en ti en las vigilias de la noche" (Sal. 63:6).
- Salomón: Se arrodilló con sus manos extendidas al cielo y ofreció una oración de dedicación por el recién terminado templo (1 R. 8:54).
- Jonás: Oró estando en el vientre de un gran pez (Jon. 2:1-9).
- Esdras: Ofreció sus oraciones por el pueblo: "hacía confesión, llorando y postrándose delante de la casa de Dios" cuando el pueblo fue infiel (Esd. 10:1).
- Nehemías: Oró estando de pie sobre el muro, supervisando a los trabajadores: "oramos a nuestro Dios, y por causa [del enemigo] pusimos guarda contra ellos de día y de noche" (Neh. 4:9).
- Pedro: Oró mientras caminaba sobre el agua. De hecho, Oró: "¡Señor, sálvame!" mientras se hundía en las aguas (Mt. 14:30).
- Pablo: Oró de rodillas en la prisión estando encadenado a los guardias: "Por esta causa doblo mis rodillas ante el Padre" (Ef. 3:14).
- Los ancianos efesios: Se arrodillaron en la playa y oraron con Pablo antes de que hiciera su último viaje a Roma (Hch. 20:36).

¿Y Ana? Al parecer, oró a Dios pidiéndole un hijo estando de pie (1 S. 1:26).

Aquí no hay nada nuevo. Esta es una postura normal y aceptable para orar. Pero la oración de Ana fue diferente en un sentido. Ella: "hablaba en su corazón, y solamente se movían sus labios, y su voz no se oía" (v. 13). ¡Esto era insólito! Tan insólito que Elí, el sacerdote, pensó que Ana estaba ebria. (Y hablando de: "Primeros acontecimientos", la oración de Ana dicha de esta forma es también el primer antecedente bíblico que existe de oración en silencio o mental.) Repito, no parece haber una forma específica en que *debamos* orar.

Ahora bien, volviendo a la afirmación inicial de que Ana oraba: "De la manera correcta", piense en esto: Independientemente de su postura, o si oraba en voz alta o en silencio, el hecho de que Ana oraba y que oraba con humildad, es *la manera correcta*.

Una enseñanza para aprender acerca de la oración

Comprenda que no hay ninguna forma específica en que se supone que oremos. Entonces, si hay ocasiones en que la oración oral lo pueda ayudar a expresar mejor sus ideas y deseos, pues ore en voz alta todo lo que quiera. Pero también recuerde que las palabras no son esenciales al ofrecimiento de la oración verdadera. Dios escucha al corazón igual, o quizás más, que a las palabras que salen de la boca. Las palabras no siempre son un indicador exacto de los verdaderos sentimientos pero el corazón sí. El corazón revela cómo es uno verdaderamente y ahí es donde Dios mira (1 S. 16:7). Por eso es que usted debe hacer lo siguiente: "Sobre toda cosa guardada, guarda tu corazón; porque de él mana la vida" (Pr. 4:23).

Usted puede tener momentos cuando ni siquiera el corazón sepa por qué orar ni cómo. Entonces el Espíritu se hace cargo e "intercede por nosotros" (Ro. 8:26).

Y habrá momentos en que, igual que Ana, su corazón rebosará de pensamientos y deseos o pena y confusión, a tal extremo que la oración oral se hace difícil. También en esos momentos, usted puede orar y dejar que el Espíritu lo ayude en su debilidad (Ro. 8:26). ¿Qué es la oración, después de todo? ¿La oración no es la expresión de los sinceros deseos del corazón revelados a Dios, ya sean hablados o no? ¿Qué le gustaría expresarle a Dios en este momento?

Ana oró por el resultado correcto: A primera vista, la oración de Ana pudiera considerarse una oración muy egoísta. En esencia, ella pidió: "¡Dios, dame un hijo!" ¿Pero fue su ruego realmente la oración egoísta de una mujer estéril que se enfrentaba al estigma social de su época? ¿No puede haber sido, en cambio, una oración de sacrificio desinteresado? Siga leyendo para conocer la respuesta.

A la sincera petición de Ana le siguió la promesa sacrificial que mostraba su verdadero carácter. Con toda sinceridad, pidió: "Jehová de los ejércitos, si te dignares mirar a la aflicción de tu sierva, y te acordares de mí, y no te olvidares de tu sierva, sino que dieres a tu sierva un hijo varón, yo lo dedicaré a Jehová todos los días de su vida" (1 S. 1:11).

Ana oró por el resultado correcto... no por un hijo para ella, ¡sino un hijo para Dios! Resueltamente ofreció su oración como voto a Dios, oración que, en esencia, decía: "Si tú, Dios, haces esto (me das un hijo) entonces yo haré esto otro (te lo devuelvo)". En cierto sentido, Ana le pidió a Dios un préstamo, el préstamo de un hijo por unos tres años (1:24-28; 2:11).

Una enseñanza para aprender acerca de la oración

Ana deseaba tener un resultado que bendijera al pueblo de Dios y promoviera los propósitos de Dios. Y su voto ofrece una sobria advertencia: Tenga cuidado con lo que promete cuando ora. ¿Por qué? Porque puede que Dios le tome la palabra.

Ana fue una desesperada mujer estéril durante muchos años. Pero ahora la sombra de la desesperación que había centrado su atención en lo que ella quería, un hijo, se había disipado. Ahora ella podía dejar sus deseos personales a un lado y centrar la atención de su corazón y su mente en una causa más noble, la de glorificar a Dios.

Muchas personas oran con el objetivo equivocado. Oran pidiendo salud, riqueza y felicidad, teniéndose a ellas mismas como centro y beneficiarias de las respuestas que buscan. Tenga cuidado de orar por el resultado correcto: Por la gloria de

> Dios y su voluntad. Los resultados correctos llegan
> mientras usted ora: "no sea como yo quiero, sino
> como tú" (Mt. 26:39). ¿Qué y quién es el punto de
> atención de sus oraciones?

Ana oró con la respuesta correcta: ¿Cómo respondió Dios a la
primera oración de Ana? "Aconteció que al cumplirse el tiempo,
después de haber concebido Ana, dio a luz un hijo, y le puso por
nombre Samuel" (1 S. 1:20).

Con el tiempo, alrededor de tres años más tarde, después
que el pequeño Samuel fuera destetado,[2] Ana estaba preparada
para cumplir su voto. Y lo hizo con una oración. Esta oración,
documentada para nosotros en 1 Samuel 2:1-10, es de pura
alabanza y acción de gracias. Revela un corazón de extraordinaria
gratitud.

La oración de adoración y acción de gracias de Ana expresaba
una profunda fe en el poder de Dios de cumplir sus promesas
así como alegría por la oración respondida. Su oración anterior
había sido dicha en silencio, pero esta oración expresaba un
salmo de alabanza. Y esta vez fue verbalizada en presencia de
Elí, quien anteriormente había dado su bendición por su oración
en silencio.

La humilde oración de gratitud de Ana es un importante
signo de carácter en su vida (2:1-10). Sus palabras revelan una
comprensión poco común de las cosas divinas. Y esto es más
extraordinario aún cuando tenemos en cuenta que fueron oradas
en tiempos en que Israel era dirigida por los jueces, en tiempos
cuando el pecado era incontrolable, porque: "no había rey en
Israel; cada uno hacía lo que bien le parecía" (Jue. 21:25).

La extraordinaria oración de Ana puede dividirse en varios temas principales sobre la Persona de Dios:

- *La salvación de Dios:* "... me alegré en tu salvación... " (1 S. 2:1).
- *La santidad de Dios:* "No hay santo como Jehová" (v. 2).
- *La fortaleza de Dios:* "Y No hay refugio como el Dios nuestro" (v. 2).
- *La comprensión de Dios:* "...el Dios de todo saber es Jehová... " (v. 3).
- *El poder de Dios:* "Porque de Jehová son las columnas de la tierra, Y él afirmó sobre ellas el mundo" (v. 8).
- *El cuidado de Dios*: "Él guarda los pies de sus santos" (v. 9).
- *El juicio de Dios:* "Delante de Jehová serán quebrantados sus adversarios" (v. 10).

Con una comprensión y una habilidad excepcionales, el corazón de Ana expresó una fe suprema en el poder de Dios y una gran alegría por la respuesta que Él dio a su oración. Y de su maduro conocimiento del carácter de Dios ¡Emana el elemento de gratitud total! La gratitud devota es una característica sobresaliente del corazón de Ana, lo cual conforma una cualidad que es indispensable para tener una vida de oración eficaz y fructífera. Según las palabras de Carlos Spurgeon, uno de los más grandes predicadores de Inglaterra: "La gratitud no es solo un elemento de la oración; también será el resultado final de la oración: El camino de la oración a la alabanza no es ni largo ni difícil".[3]

*Una enseñanza para aprender
acerca de la oración*

Ana alabó a Dios por su respuesta a su solicitud de tener un hijo. Se sintió agradecida por quién es Dios y por lo Él había hecho y siempre continuará haciendo. Confiaba en el control supremo de Dios sobre todas las cosas.

Igual que Ana, usted también puede confiar en el control soberano de Dios sobre todas las cosas, incluyendo todos los aspectos de su vida. Por lo tanto, deberá estar siempre eternamente agradecido por las numerosas maneras en que Dios lo bendice a usted y a las personas que usted quiere y por las que ora. Cuando piense cómo el poder de Dios lo ha sostenido a usted en el pasado, se sentirá fortalecido y energizado en su actual dificultad. Confiado y esperanzado, podrá esperar su continuada providencia en su vida futura. ¿Cómo puede usted ser más fiel para darle gracias a Dios cuando Él le responde sus oraciones?

Ana, una humilde sierva del Señor, nos da muchas enseñanzas. Pero quizás, lo que se destaca con más intensidad es su corazón de gratitud. Con una comprensión excepcionalmente clara, Ana vio a Dios en acción, no solo en su vida, sino también en toda la creación. Igual que Ana, debemos estar agradecidos por las muchas maneras en que Dios actúa en nuestras vidas. Y cuando lo alabamos por su poder y su sabiduría, estamos reconociendo su supremo control sobre todos los asuntos de la vida, tanto lo bueno como lo desagradable. Por lo tanto, en confianza, usted puede hacer lo siguiente: "Dad gracias en todo, porque esta es la voluntad de Dios para con vosotros en Cristo Jesús" (1 Ts. 5:18).

Principios de oración de la vida de
Ana

 **La oración no exige ni forma ni método.**

La oración es el deseo sincero del corazón, ya sea hablada o no y Ana oró de las dos maneras. Se puede pensar una oración, decir una oración o cantar una oración. Con la oración, no importa si uno está en la catedral más majestuosa de la tierra o en un lugar apartado. No importa si se está de pie, de rodillas o postrado en el suelo. No importa la forma o el método que se utilice. ¡Lo que importa es que se ore! La oración es tan esencial para la vida espiritual como el ejercicio para la vida física: "La oración es el incuestionable aliento de la vida del verdadero cristianismo".[4]

La oración aviva el gozo.

La oración tiene un sorprendente efecto en el corazón y el alma. Lo transforma a uno desde adentro hacia fuera. Si usted ora sobre sus penas, ya no estará triste. Si usted ora sobre sus problemas, de manera sobrenatural pasan a Dios. Si usted ora sobre su vida difícil, podrá enfrentar y continuar, aunque la situación no haya cambiado en nada. Ana le abrió su corazón al Señor y recibió aliento. Se sintió revitalizada con renovada alegría: "Y se fue la mujer por su camino, y comió, y no estuvo más triste" (1 S. 1:18). Cuando usted ore, usted también tendrá los mismos resultados positivos: "porque el gozo de Jehová es vuestra fuerza" (Neh. 8:10).

La oración restaura la confianza.

Probablemente usted se percata que todas las situaciones en su vida están en las manos de Dios. ¿Pero nunca se ha preguntado por qué usted a veces no actúa en correspondencia, por qué tiene dudas, por qué su fe se tambalea? La oración es el arma secreta que restaura su fe en Dios y le recuerda que Él solucionará todas las cosas en su vida para su bien y la gloria de Dios (Ro. 8:28). ¿Existe alguna grieta en su confianza en el Señor? ¿Hay alguna duda que haya entrado en su corazón? ¿No le está confiando al Dios Todopoderoso los detalles de su vida, las finanzas, la salud, la familia? La oración eliminará cualquier temor que usted tenga y restaurará su confianza. Eso fue lo que le ocurrió a Ana durante la oración... y se marchó con la total confianza de que Dios la había oído y actuaría en su favor.

La oración deposita los problemas en Dios.

Mediante la oración, podemos descargar los problemas en Dios, el "Gran solucionador de problemas". Cuando se sienta improductivo e inútil, o cuando nada parezca salirle bien en la vida, en el trabajo, en la familia o en el ministerio, ore. Cuando no ve una salida a una situación, ore. Cuando lo haga, sentirá la paz de Dios. Ana oró, descargando sus problemas en Dios y regresó a la casa con tranquila satisfacción y esperó pacientemente a que Dios entrara en acción. La oración ayuda a poner fin a todos los problemas porque usted los ha puesto en las manos de Dios, que lo libera para disfrutar de la vida.

La oración produce tranquilidad de espíritu

¿Está usted disfrutando la tranquilidad que la oración da a los problemas en su vida? La vida es dura, exigente cuando menos. Pero Dios promete saciar el alma menesterosa y llenar de bien el alma hambrienta (Sal. 107:9). Cuando usted se sienta amargado de espíritu y desgarrado por el sufrimiento, persevere en la oración. Solo la oración puede llenar un corazón herido con felicidad, gratitud y tranquilidad. Las oraciones de Ana dieron como resultado una total serenidad, aun cuando renunció a su único y amado hijo. Todo iba bien en su alma.

Capítulo 4

Samuel...
un hombre de
extraordinaria fidelidad

Así que, lejos sea de mí que peque yo contra Jehová
cesando de rogar por vosotros.
—1 SAMUEL 12:23

Antes de que Charles Dickens hiciera que la opinión pública se fijara en la situación desesperada de los huérfanos británicos en su novela épica *Oliver Twist* (1837), George Müller se encargó de abrir un orfanato en Bristol, Inglaterra. La visión de Müller desencadenó una extraordinaria aventura de fe. Prometió que nunca pediría dinero, él y su esposa Mary vivieron siguiendo dicho principio durante 40 años, hasta que ella murió. George Müller continuó orando y la fe guió su vida completamente hasta el día de su muerte 28 años después. A lo largo de los años, en dicho orfanato, se cuidó y enseñó las verdades de las Escrituras a 18.000 niños.

Conocido como uno de los grandes defensores de la oración en el siglo pasado, la historia de la vida de George Müller está colmada de fidelidad hacia la oración. Él se animó a creer que Dios podía suplir y supliría, todas sus necesidades personales y las necesidades de los miles de huérfanos que cuidó durante el transcurso su vida. George Müller aprendió el secreto de orar a Dios por provisión de manera habitual ¡Y practicó dicho ejercicio espiritual durante la mayoría de sus 93 años! No solo pidió a Dios constantemente provisión física, sino que también pidió a Dios que pusiera su mano en la provisión espiritual.

En un momento específico de su fidelidad en la oración, George Müller se vio llevando la carga de cinco de sus amigos quienes no eran cristianos. Comenzó a clamar a Dios por sus almas de manera incesante. En el lapso de cinco años, dos de los amigos de Müller aceptaron a Cristo. Sin darse por vencido, oró durante los siguientes veinte años. Uno más aceptó a Cristo. Sin cejar, continuó pidiendo a Dios por el otro amigo durante casi un total de cuarenta años, hasta el día de su muerte.[5] Ambos hombres aceptaron a Cristo dos años después de la muerte de Müller. ¡De más está decir que George Müller fue un hombre extraordinario, de oración fiel!

Si continuamos analizando las extraordinarias oraciones de Dios, nos encontramos con otro hombre quien también mostró gran fidelidad en su vida de oración. Su nombre fue Samuel, el gran sacerdote, profeta y guerrero de oración de Dios.

¿Qué hace falta para ser grande?

¿Alguna vez se ha preguntado acerca de la niñez de los grandes y famosos? ¿Qué les pasó o qué no les pasó en sus primeros años que cimentó sus años de grandeza como adultos? No hay manera de saberlo acerca de todos los grandes de la historia pero la Biblia contiene un breve registro de un gran hombre, Samuel y sus comienzos. Dios ha preservado la historia de sus ancestros, su concepción y sus primeros años. He aquí una pequeña reseña. Samuel fue:

- El hijo de Ana, una extraordinaria mujer de oración.
- Dedicado a Dios antes de ser concebido.
- "dado" a Dios para servicio a la edad aproximada de tres años.
- Uno de los sirvientes en el templo desde temprana edad.
- Receptivo al llamado de Dios desde pequeño.

Con un comienzo así, no deberíamos sorprendernos al conocer que el pequeño Samuel, el último de los jueces, fue uno de los grandes jueces de Israel. Su vida de servicio a Dios proporcionó al pueblo de Dios la transición de pasar de ser una nación dirigida por figuras carismáticas como Moisés, Josué y los jueces a una nación gobernada por reyes. De hecho, Samuel ungió a los dos primeros reyes de Israel. ¿Qué hizo a Samuel tan especial entonces?

Claramente, Samuel fue un hombre de oración. Su relación con Dios fue de una naturaleza tal que inspiró a toda una nación a volverse a Dios y hacer a un lado los ídolos. Su fortaleza espiritual se convirtió en la fortaleza de una nación. Las personas confiaban en Samuel debido a su enérgica vida de oración (1 S. 7:1-9).

Pero a la par de la vida de oración de Samuel iba su igualmente invaluable dote de fidelidad hacia todo, en especial la oración. En un momento dado de su relación con las personas, ellas temieron que el piadoso Samuel cesara de orar a causa del pecado que habían cometido. La respuesta de Samuel, que tan a menudo cita, nos muestra su corazón y su dote de fidelidad: "Así que, lejos sea de mí que peque yo contra Jehová cesando de rogar por vosotros" (12:23).

La dedicación de Samuel a la oración nos es revelada nuevamente más adelante, después que Saúl fue elegido primer rey de Israel. Saúl desobedeció los mandamientos de Dios en repetidas ocasiones, pero Samuel no perdió las esperanzas. ¡Después de todo, Samuel lo había ungido como rey! Fue fiel al orar y le indicó a Saúl el camino hacia las instrucciones de Dios. Por fin Dios preguntó a Samuel: ¿Hasta cuándo llorarás a Saúl, habiéndolo yo desechado para que no reine sobre Israel?" (16:1). Envió entonces Dios a Samuel para que ungiera a David como el nuevo rey.

La oración en la vida de Samuel

¿Fue la oración lo que motivó a Samuel a seguir a Dios fielmente... fue la fiel obediencia de Samuel que estimuló su extraordinaria vida de oración? ¡La respuesta es que sí... y que sí! Ambos rasgos, la oración y la fidelidad, conformaron la fibra interior de la vida de este gran hombre.

Comencemos por aquí: ¿Cómo pudo una poderosa vida de oración y fidelidad hacer de Samuel un hombre de Dios tan extraordinario? Desde el comienzo de la vida de Samuel, Dios nos muestra, por medio de Samuel, que la fidelidad hacia las cosas pequeñas nos hace merecedores de cosas de mayor envergadura.

Samuel fue fiel al responder a la voz de Dios: Samuel nació en una época en que Israel era amenazado constantemente por sus archienemigos, los filisteos. Esa fue también una época en que la moral de Israel se encontraba en tinieblas. Fue una época en que:

"La palabra de Jehová escaseaba" (3:1). Dios estaba en silencio. Por consiguiente, cuando Dios decidió hablarle al joven Samuel en el templo en que: "el joven Samuel ministraba en la presencia de Jehová" (2:18), la confusión de Samuel es comprensible (3:1-9). Fue Elí (el sacerdote que había estado presente cuando la madre de Samuel, Ana, había orado hacía cerca de doce años) quien percibió que Dios le estaba hablando a Samuel. Y fue Elí quien dio instrucciones a Samuel de responder a la voz de Dios, cuando le dijo: "Habla, Jehová, porque tu siervo oye" (3:9).

Una enseñanza para aprender acerca de la oración

Samuel pudo elegir entre creer y no creer en la percepción de Elí de que Dios le estaba hablando y de que debía responder a aquella voz. Samuel eligió confiar en el consejo de Elí y responder al llamado de Dios. A partir de ese momento, Dios continuó hablando y guiando a Samuel a lo largo de toda su vida.

En la época actual, la voz de Dios llega a su pueblo por medio de su Espíritu Santo, al leer su Palabra en la Biblia y al escuchar los sermones o las palabras de creyentes más sabios y viejos. Y al igual que Samuel, podemos elegir si respondemos, o no, a las palabras de Dios que llegan a nosotros por diversos medios. Aprenda bien la lección que Samuel captó al inicio de su relación con Dios. Aprenda a responder a la voz de Dios y esté dispuesto a decir: "Habla, porque tu siervo oye" (3:10).

Samuel fue fiel a las normas de Dios: Había varias cosas a favor del joven Samuel. Primero, tenía una madre piadosa que vertió la verdad de Dios en su pequeño y suave corazón durante sus tres primeros años de vida. Seguidamente, estuvo años en contacto con cuestiones relativas a Dios durante el tiempo que ministró en el templo.

Entonces, en el momento elegido por Dios, el hombre de Dios, Samuel, estuvo listo para el liderazgo espiritual. El pueblo también estaba listo (7:2). Por eso Dios alentó a Samuel, su siervo, a guiar a su pueblo. Cuando cruzó dicho umbral, Samuel estaba ya en sus treinta. Gracias a su propia fidelidad, pudo exigir al pueblo que se arrepintieran y fueran fieles. Escuchen lo que habló al pueblo de Dios:

> Si de todo vuestro corazón os volvéis a Jehová, quitad los dioses ajenos... de entre vosotros, y preparad vuestro corazón a Jehová, y sólo a él servid, y os librará de la mano de los filisteos (7:3).

Para entonces, Samuel estaba a punto de ejercer una influencia importante sobre toda una nación, cosa que hace de este un buen momento para hablar de la influencia que pueden ejercer los padres piadosos sobre sus hijos durante los primeros años de formación. Dos hombres de la Biblia tuvieron experiencias similares cuando niños. Moisés y ahora Samuel, fueron educados por madres fieles. Ambos niños fueron separados de sus padres a la edad de aproximadamente tres años. Y ambos niños crecieron y se convirtieron en líderes espirituales del pueblo de Dios.

Y fíjese también en lo siguiente: Dios unió a ambos hombres en Jeremías 15:1 debido a su habilidad de interceder por otros por medio de la oración. Nunca podremos sobreestimar la influencia de los padres y en especial de las madres, sobre sus hijos a edades tempranas. Las vidas y el fruto de Samuel y Moisés deberían hacer que los padres lo piensen dos veces antes preferir "la guardería infantil" a "la criaza de la madre".

Una enseñanza para aprender acerca de la oración

Se nos cuenta muy poco acerca de los primeros años de Samuel junto a su madre y su padre. Pero leer las dos famosas oraciones de Ana (1 Samuel 1:10-11; 2:1-10) debe darnos una idea con respecto de su educación. ¿No cree que Ana le contó a su hijo las maravillosas historias acerca del amor de Dios y su preocupación con respecto al pueblo con el que hizo el pacto? ¿Y no cree usted que dicha madre piadosa oró por su hijo pequeño cuando lo sostuvo en sus brazos y también por el resto de su vida, cuando se separaron y él fue a ministrar lejos, en el templo?

La enseñanza para los padres es evidente: Orar por sus hijos debe ser su vocación para toda la vida. Ana dedicó su hijo al Señor y usted puede, al menos, dedicarse a orar por sus hijos: por su salvación, por su servicio a Dios, por que elijan sabiamente a sus amigos y a parejas piadosas, por que su descendencia continúe el ministerio de Dios. Puede que esto parezca insignificante pero es algo insignificante que con el tiempo se convierte en

algo grande, en la medida en que sus hijos crezcan
y sigan siendo fieles a las normas de Dios.

Samuel fue fiel en orar por el pueblo de Dios: Después de la
muerte del sacerdote, Elí y sus dos hijos, Samuel se convirtió
en el líder espiritual y juez del pueblo. Al aceptar el llamado de
Samuel a arrepentirse (7:3), el pueblo hizo sus ídolos a un lado
(7:4). Seguidamente, Samuel pidió al pueblo que se congregara
en Mizpa, donde oraría por ellos (v. 5).

No sabemos si Samuel tenía la habilidad de predicar sermones
fogosos que movieran y motivaran al pueblo de Israel. Pero sí
sabemos que el pueblo reconoció a Samuel como un hombre de
oración:

- Los hijos de Israel dijeron a Samuel: "No ceses de clamar
  por nosotros a Jehová nuestro Dios". Y Samuel oró al Señor
  (vv. 8-9).
- Samuel se sintió disgustado cuando las personas dijeron:
  "Danos un rey que nos juzgue". Así que, Samuel oró a
  Jehová (8:6).
- El pueblo dijo a Samuel: "Ruega por tus siervos a Jehová
  tu Dios, para que no muramos; porque a todos nuestros
  pecados hemos añadido este mal de pedir rey para nosotros"
  (12:19).
- "Así que, lejos sea de mí que peque yo contra Jehová
  cesando de rogar por vosotros" (v. 23).
- "Y vino palabra de Jehová a Samuel... y clamó a Jehová toda
  aquella noche" (15:10-11).

Samuel consideraba la intercesión como parte integral de su ministerio. Al modo de pensar de Samuel, no orar por sus hermanos era pecado (12:23).

Una enseñanza para aprender acerca de la oración

El apóstol Santiago nos dice: "orad unos por otros" (Stg. 5:16). La intercesión por medio de la oración es un poderoso recurso para todo cristiano. No haga lo que tantos otros, que hacen uso de la oración solo como último recurso después que todo lo demás ha fracasado. Orar por otros es un gran privilegio y a la vez una gran responsabilidad. Dios nos alienta a interceder y nosotros podemos hacerlo mediante la oración. Aprenda de Samuel: Trate la falta de oración para con los demás como un pecado contra los que bien podrían necesitar con urgencia sus oraciones.

Samuel fue fiel al buscar la ayuda de Dios por medio de la oración: Israel estaba en problemas. Los filisteos habían conformado un ejército y habían comenzado a marchar contra Israel. El pueblo tenía miedo y pidió a Samuel que orara por la liberación (7:7-8).

Al ver sus corazones tan sensibles y como habían adorado y ayunado (v. 6), Samuel llevó fielmente las preocupaciones ante el Señor. Dios respondió a la oración de Samuel y sometió a los filisteos, que nunca más regresaron al territorio de Israel mientras Samuel vivió (vv. 9-13).

¡Qué increíble giro dieron los acontecimientos! El capítulo 7 de 1 Samuel comienza con la derrota... y termina con la liberación total. ¡Qué herramienta tan poderosa poseía Samuel! Una nación buscó la liberación por medio de las oraciones de un hombre de Dios y no se decepcionaron... y Dios se glorificó.

Una enseñanza para aprender acerca de la oración

Samuel es un buen ejemplo de lo que antes mencionamos en Santiago 5:16: "La oración eficaz del justo puede mucho". ¡Ay, hombre o mujer de Dios!, ¿quién mejor para hacerse cargo de los problemas más difíciles que el Dios Todopoderoso (Ef. 6:10)? El fruto de sus oraciones por otros es a menudo mayor de lo que usted piensa o cree posible. ¡Dios es capaz de hacer más de lo que usted podría pedirle o incluso pensar (Ef. 3:20)! No deje que el poder de la oración en favor de otros se pierda. Se dice que: "Cristiano que no ora, cristiano que no tiene poder". No sea un cristiano sin poder; sea un cristiano que ora.

Samuel fue fiel al continuar orando por el pueblo de Dios: Ya hemos visto una y otra vez que Samuel oró por el pueblo de Israel. La intercesión por otros es un gran privilegio del que disfrutamos nosotros los creyentes. Por consiguiente, como hijos del Rey, no debemos dudar en acercarnos confiadamente al trono de la gracia en busca de su gracia y misericordia tanto para nosotros como para nuestros seres queridos (He. 4:16).

Pero donde la mayoría de nosotros tiene dificultades al interceder por otros es a la hora de orar por los que nos han hecho daño de una forma u otra a nosotros o a nuestra familia. Sabemos que no deberíamos actuar de esa manera, así que, luchamos. ¿Alguna vez te has visto tentado a ser frío o implacables con alguien porque te hizo algo? ¡Probablemente lo último que hubiera querido hacer era orar por esa persona!

Eso mismo le ocurrió a Samuel. Hacia el final de su vida, Samuel enfrentó el mismo dilema. En pocas palabras, he aquí la historia: Samuel había servido fielmente al pueblo de Dios toda la vida. Ahora había envejecido (1 S. 8:1). Naturalmente, quería que sus hijos continuaran su obra de guiar al pueblo. Pero los ancianos fueron donde él y le dijeron: "y tus hijos no andan en tus caminos" (v. 5). Por consiguiente, rechazaron a los hijos de Samuel. Entonces, para empeorar las cosas, los ancianos querían un rey que los gobernara. Ya no querían continuar bajo la guía de Dios de la manera tradicional que Dios había establecido por medio de sus siervos Moisés, Josué, los jueces y ahora Samuel. Quería tener un rey igual que las naciones vecinas (v. 20).

¿Cómo pudo el pueblo hacerme esto a mí? Puede que haya pensado Samuel. Es cierto que mis hijos tienen algunos problemas. *¿Pero acaso no compensa mi fiel servicio sus deficiencias?* No sabemos qué pensó Samuel acerca de dicho rechazo personal, pero sí sabemos que se sintió decepcionado de Dios (8:6). Sentía celos por el honor de Dios. Durante el tiempo que transcurrió desde Moisés hasta Samuel, el Señor había sido visto como el Rey de Israel. Era visto como el único al que el pueblo podía acudir cuando era necesario combatir al enemigo. Por lo tanto, pedir un rey humano constituía un abierto rechazo al gobierno de Dios. Samuel intentó convencer al pueblo de que aquella era una mala

idea. Pero al final y después de orar, Dios le dijo a Samuel que hiciera lo que el pueblo le pedía (vv. 10-22).

Samuel bien pudo haber caído en la indiferencia. Pudo haber dicho: "Se merecen lo que les pase. Si no me escuchan, yo me desentiendo de ellos". Pero Samuel, nuestro gran hombre de fidelidad hacia Dios, hacia el pueblo de Dios y hacia la oración, no iba a dejar que el pueblo y sus tontos deseos le impidieran cumplir con sus responsabilidades.

Como último acto de fe, Samuel se dirigió a todo el pueblo durante la coronación del nuevo rey, Saúl (12:1-15). Cuando terminó de hablar y Dios autentificó el mensaje de Samuel con truenos y lluvia, el pueblo se dio cuenta de que habían pecado al querer un rey (vv. 16-19). Necesitaban que Samuel intercediera por ellos. Fiel a su compromiso con el Señor y el pueblo, Samuel dijo la siguiente gran frase: "Así que, lejos sea de mí que peque yo contra Jehová cesando de rogar por vosotros" (v. 23).

Una enseñanza para aprender acerca de la oración

Orar por sus enemigos o por los que lo han utilizado o abusado de usted, o incluso por los que tontamente no han hecho caso de sus consejos, no es su respuesta común, ¿o sí? Pero como hijos o hijas de nuestro Padre celestial, Jesús nos dijo: "orad por los que os ultrajan y os persiguen" (Mt. 5:44). Samuel nos demuestra que no importa la forma en que nos traten, de todas maneras usted y yo tenemos que fielmente orar por los que nos rodean. No acrecentemos el pecado de otros pecando

nosotros mismos al no orar por los demás, incluso
nuestros enemigos.

*Samuel fue fiel al seguir a Dios hasta las últimas
consecuencias:* Desde el mismo comienzo de los muchos años de
servicio de Samuel en el templo, cuando Dios le dijo en su época
de adolescente que transmitiera a Elí el mensaje de reprimenda
(1 S. 3:11-14), hasta el fin de sus días, Samuel denotó una firmeza
espiritual que le permitió discernir la voluntad y la Palabra de
Dios. Esto se hace especialmente evidente cuando Dios le pidió
a Samuel que hiciera una última tarea oficial: Ir a la casa de Isaí
en Belén y lo ungiera como nuevo rey.

Para Samuel solo había un problema: Israel todavía tenía un rey
llamado Saúl. En su espíritu humano, Samuel dudó en un inicio:
"¿Cómo iré? Si Saúl lo supiera, me mataría" (16:2). Pero fiel a la
firmeza espiritual que había alcanzado por medio de la oración
y la fidelidad, dice en la Biblia: "Hizo, pues, Samuel como le dijo
Jehová; y... llegó a Belén" (v. 4).

Una enseñanza para aprender acerca de la oración

Una característica muy particular de las respuestas
de Dios a las oraciones de los santos de Antiguo
Testamento es que su voz parecía escucharse en
el oído interno o en la mente, como la voz de un
hombre. Dicho fenómeno se evidenció en la última
escena de la vida de Samuel, donde "dialogó" con
Dios con respecto de elegir a David como el nuevo
rey (16:1-12).

> Quiero recalcar nuevamente que Dios ha provisto a su pueblo de numerosas vías para que "escuchen" su guía y respondan con obediencia. La enseñanza que usted y yo tenemos que aprender de dicho diálogo entre Dios y Samuel es la siguiente: Aunque Samuel dudó inicialmente, "escuchó" a Dios por medio de la oración y al final siguió el mandamiento de Dios. Así que, la cuestión es: ¿Siente dudas hoy con respecto de seguir el camino de Dios porque le parece demasiado difícil o imposible? Siga los pasos de Samuel. Ore... y haga entonces lo que el Señor lo guíe a hacer. Dios se sentirá honrado, se hará su voluntad y usted será bendecido en la medida en que obedezca.

Samuel marcó el fin de una era, fue el último de los de su extraordinario tipo. De cierta manera, él era la goma de pegar espiritual que mantenía unida a la joven nación de Israel mientras esta se desarrollaba. La vida de Samuel constituyó también un testamento de fidelidad:

- Samuel fue fiel a Elí como estudiante
- Samuel fue fiel a Dios como siervo
- Samuel fue fiel al pueblo como administrador de las verdades de Dios
- Samuel fue fiel al orar como administrador del pueblo de Dios

Que usted y yo sigamos los fieles pasos de Samuel en la oración y que seamos considerados junto a él: "administradores de los misterios de Dios" (1 Co. 4:1-2).

Principios de oración de la vida de
Samuel

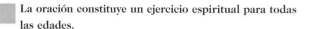 **La oración constituye un ejercicio espiritual para todas las edades.**

¿A qué edad se puede comenzar a hablar con Dios? A la misma edad que se comienza a hablar con los padres. Orar es sencillamente hablar con Dios. El pequeño Samuel respondió a Dios sencillamente hablando con Él. No importa qué edad tenga, qué sepa acerca de la oración o si tuvo padres que le enseñaron a orar, siempre puede hacerse partícipe del ejercicio espiritual de la oración. ¿Cómo? Comenzando ahora mismo, hoy, en este instante, o sencillamente hablar con Dios. Igualmente, nunca es demasiado temprano para enseñarles a sus hijos a hablar con Dios por medio de la oración. Ayúdelos a desarrollar su sensibilidad a las cuestiones espirituales y a orar ese mismo día en que, obedientes cuales niños, responderán al llamado de Dios diciendo: "Habla, porque tu siervo oye" (1 S. 3:10).

La oración cambia las cosas

La oración cambia las cosas. Y la oración también cambia a las personas. Gracias a Dios y a la influencia de las oraciones de Samuel, la renovación que comenzó en los corazones del pueblo de Dios en el día de Samuel duró más de cien años. ¿Necesita usted cambios en su vida? ¿Una renovación? La oración es un reconocimiento de que usted depende de Dios y de su guía para su vida. Por consiguiente, mientras más ore usted, más claro deja su deseo de llevar su vida por las normas de Dios. No podrá evitar ser transformado al orar: "Hágase tu voluntad", no la mía.

La oración necesita un corazón puro

Piense acerca de la siguiente historia real: Al final de sus días, Samuel le pidió al pueblo que evaluara su vida y su ministerio. La respuesta fue un reconocimiento abrumador de que Samuel nunca había engañado a nadie, sobornado a nadie, robado a nadie u oprimido a nadie (1 S. 12:3- 4). En otras palabras, Samuel era intachable en lo que a su trato con el pueblo se refiere. Su corazón era puro. Esto contribuyó a que fuera un eficaz jefe militar defensor de la oración, un recipiente por medio del cual Dios podía obrar con fuerza.

¿Qué tal está su corazón? ¿Se ha hecho algún chequeo recientemente? Porque una oración eficaz necesita un corazón puro, tome en serio la advertencia del salmista: "Si en mi corazón hubiese yo mirado a la iniquidad, el Señor no me habría escuchado" (Sal. 66:18). La confesión del pecado y el amor a Dios traen como resultado una vida pura. ¿Qué sucede entonces? "La oración eficaz del justo (o la justa) puede mucho" (Stg. 5:16).

La oración es el privilegio de todos los creyentes

Nadie entenderá jamás cómo encaja la oración en los planes de un Dios soberano. Pero podemos conocer y creer que de alguna manera lo hace. Dios, en su sabiduría, ha determinado que sus oraciones son parte de un gran plan. ¡Qué privilegio! Así que, decídase a orar por otros creyentes. El apóstol Pablo dijo a los creyentes que él nunca había dejado de orar por ellos. También pidió a otros creyentes que oraran por él y sus compañeros misioneros y por que el Mundo del Señor sea glorificado.[6]

Usted puede disfrutar del privilegio de poder formar parte del soberano plan de Dios. ¿Por qué no ejercer su privilegio y ser parte de la obra de Dios en su mundo?

La oración es una responsabilidad de todos los creyentes.

Todo privilegio supone una responsabilidad. Samuel asumió todo el peso de su responsabilidad de orar. Igual deberíamos hacer nosotros. La Biblia nos dice cómo orar por los que nos hacen daño, por que Dios envíe jornaleros a su cosecha, por el enfermo, los unos por los otros, nos enseña a velar y a orar sin cesar. Dios nos pide y espera de nosotros, que aceptemos nuestra responsabilidad y oremos. Oremos de manera regular... ¡Y puede que Dios le conceda un deseo aún mayor!

Capítulo 5

David...
un hombre de extraordinaria confianza

Tú vienes a mí con espada... mas yo vengo a ti en el nombre de Jehová de los ejércitos... Jehová te entregará hoy en mi mano.
—1 SAMUEL 17:45-46

Hace cientos de años, los dirigentes de Florencia, Italia, le encargaron a un escultor que creara una espléndida obra de arte para la plaza de la ciudad. Para garantizar la belleza de la estatua, compraron el mármol más caro disponible. Exigiendo privacidad, el escultor martilló y cinceló aislado. Finalmente llegó el día de develar la estatua. Los ciudadanos quedaron escandalizados e indignados con la horrible creación. La decepcionante pieza de mármol fue enviada al basurero de la ciudad y el escultor se fue de la ciudad y pronto fue olvidado.

Años más tarde, otro artista joven y desconocido llegó a Florencia. Fue contratado para trabajar en la piedra desechada. Después de meses de meticuloso trabajo, la renovada pieza de piedra fue nuevamente colocada en la plaza de la ciudad. El artista desconocido era Miguel Ángel, y la obra de arte recreada es su estatua del héroe del Antiguo Testamento, David, considerada como una de las más exquisitas e invaluables figuras en todos los campos de la escultura y el arte.

La estatua de David de Miguel Ángel es un ejemplo de lo que un experto artífice es capaz de hacer incluso con un trozo de roca desechado por otros. Y siglos antes de ser esculpida la estatua de David, somos testigos de lo que hizo Dios, el Experto Escultor, con el hombre que inspiró esta gran obra maestra: el propio David. Él era un hombre cuyo corazón estaba sinceramente entregado a confiar en su Dios. Era un varón conforme al corazón de Jehová (1 S. 13:14). Como resultado de la confianza de David en Dios, Dios pudo usarlo poderosamente.

Confiar en el Señor

Desde el principio de lo que nos cuentan los antecedentes bíblicos sobre David, conocemos de su corazón para Dios y de su comprensión de la naturaleza de Dios. A lo largo de toda su vida, David tuvo absoluta confianza en Dios. Ya fuera como joven pastor protegiendo el rebaño de su padre de leones y osos, como muchacho con cinco piedras defendiendo el honor de Dios contra el gigante Goliat, o como jefe militar adelantando las fronteras de Israel por medio de la victoria, David confió en Dios. Su corazón para Dios también puede verse a través de los muchos salmos que escribió. Fue tan poeta como guerrero y se le conocía como: "El dulce cantor de Israel" (2 S. 23:1).

Desdichadamente, aunque David tenía a Dios en su corazón, permitió que el pecado entrara poco a poco a su vida y esto le trajo desastrosas consecuencias. Su vida y su familia nunca fueron lo mismo después de su pecado con Betsabé. ¡Parecía que David estaba acabado!

Pero como el gran escultor Miguel Ángel, que remodeló una pieza de mármol descartada, Dios, el Supremo escultor, tomó la destruida vida de David y la remodeló haciendo otra vez de él un magnífico y útil siervo.

La oración en la vida de David

Tiene que leerse varios libros y muchos capítulos de la Biblia si desea conocer los detalles de la vida de David.[7] Pero si desea conocer lo que sucedía en el corazón de David como resultado de lo que sucedía en su vida, entonces deberá leer sus oraciones y sus salmos. En estas oraciones del corazón, David desahoga su alma con Dios. Describe sus esperanzas, temores, triunfos, desilusiones y trabajos. Y muchas de las oraciones de David terminan en una nota de singular confianza en la poderosa y sustentadora mano de Dios.

La muestra de oraciones que tomaremos en consideración aquí es representativa de la vida y los salmos de David. Nos permiten comprender el extraordinario hombre de oración que fue.

David confió en Dios: Poco tiempo después de que David fuera ungido para ser rey, este fue llamado por el rey en aquellos momentos, Saúl, para que calmara su atormentado espíritu con música. David fue seleccionado porque: "Sabía tocar". Pero también fue escogido porque quienes estaban en la corte habían dicho: "Jehová está con él" (1 S 16:18). Ya se notaba la creciente relación de David con Dios.

En el capítulo siguiente vemos a David en medio de una crisis nacional, luchando contra el gigante Goliat (1 S. 17). David probablemente era solo un adolescente pero por costumbre, confiadamente se ofreció voluntario a pelear contra un experimentado guerrero que había llenado de temor los corazones de todos los hombres y guerreros de Israel. No se pronuncia ni una oración en esta escena pero hemos de creer que mucha oración y adoración previa contribuyeron a la valiente y audaz decisión del joven David de encargarse de un gigante que tenía tres metros de alto y usaba una coraza que pesaba más de 56 kilos.[8]

¿Qué motivó a David a aventurarse en una empresa en la que no tenía la menor oportunidad? Fue su preocupación por el honor y la reputación de Dios. David preguntó con incredulidad: "¿quién es este filisteo incircunciso, para que provoque a los escuadrones del Dios viviente?" (v. 26).

David había confiado en Dios en el pasado al enfrentarse a leones y osos. Ahora David estaba seguro de poder confiar en que Dios le daría la victoria en el presente, especialmente porque Goliat era enemigo de Israel y de Dios (v. 36). Con solo una honda y unas pocas piedras, David provocadoramente proclamó a gritos su confianza en Dios al gigante: "porque de Jehová es la batalla, y él os entregará en nuestras manos" (v. 47).

Una enseñanza para aprender acerca de la oración

Las crisis llegan a nosotros de innumerables maneras: una llamada del doctor, un hijo descarriado, un matrimonio disuelto, una muerte. Cuando llegue la crisis y llegará, ¿cómo la afrontará usted?

David eligió afrontar la crisis de su nación de frente. ¿Cómo pudo este muchacho, de tal vez solo 18 años, dar un paso adelante cuando miles de hombres y soldados habían dado un paso atrás? La decisión de David apunta a una historia personal de oración, adoración y fe. Él necesitó de la oración para tener el valor de desafiar al gigante. Necesitó de un corazón de adoración para darse cuenta de que esta era una batalla espiritual, no física. Y necesitó de una fe bien ejercitada para confiar en Dios para una victoria más, ¡una que era imposible sin Dios!

No espere a tener que afrontar una crisis para desarrollar su vida de oración. No espere a que ocurra una tragedia para comenzar a ejercitar su fe. Y no espere a que le digan que está en medio de una batalla espiritual para adorar. Siga el ejemplo de David y su devoto consejo: "A ti, oh Jehová, levantaré mi alma. Dios mío, en ti confío" (Sal. 25:1).

David buscó la guía de Dios: David fue un poderoso guerrero y un gran líder militar. Pero una buena parte de su éxito, especialmente en los primeros años, se debió a que él buscó la guía de Dios. Fíjese en estos ejemplos:

- Antes de atacar a los filisteos en Keila: "David consultó a Jehová" (1 S. 23:2).
- Antes de perseguir una banda de amalecitas que habían atacado sus campos: "David consultó a Jehová" (30:8).

- Antes de dirigirse a las ciudades de Israel y proclamarse a
  sí mismo rey, David: "consultó a Jehová" y Jehová le dijo:
  "Sube". Entonces David preguntó: "¿A dónde subiré?" y
  Dios le dijo que subiera: "A Hebrón" (2 S.2:1).

David con frecuencia tenía comunicación recíproca con Dios:
Él preguntaba… y Dios le respondía. En siete ocasiones leemos
que: "David consultó a Jehová". Y cada vez que David lo hacía,
tenía éxito. ¡Imagínese, un índice de éxito del 100 por ciento!
Pero lamentablemente, cada vez que David dejaba de consultar
con Dios en algún asunto, experimentaba un fracaso y terminaba
haciendo cosas imprudentes y con frecuencia inmorales (con un
índice del 100 por ciento en el sentido opuesto).

Una enseñanza para aprender
acerca de la oración

Esta es una enseñanza recurrente, ¿verdad? Es algo
más o menos así: Si usted va a cumplir la voluntad
de Dios, debe continuamente buscar la voluntad
de Dios. Debe consultar a Dios antes de actuar,
reaccionar, o responder. Usted no debe tratar de
planear o manejar su camino en la vida. En vez de
eso, debe consultar a Dios mediante la oración y
el estudio de su palabra.

Antes de tomar otra decisión: "Consulte a
Jehová". ¡Usted y todos los demás se alegrarán de
haberlo hecho!

David tenía sed de Dios: Cuando Dios primeramente escogió

a David para ocupar el lugar del rey Saúl, declaró: "He hallado a David... varón conforme a mi corazón, quien hará todo lo que yo quiero" (Hch. 13:22). David distaba mucho de ser perfecto. Tenía sus altas y sus bajas. Pero a lo largo de la mayor parte de su vida, David siguió a Dios, diciendo oraciones como: "Dios, Dios mío eres tú; de madrugada te buscaré; mi alma tiene sed de ti, mi carne te anhela" (Sal. 63:1-2).

Una enseñanza para aprender acerca de la oración

¿Cuál es la temperatura de su corazón? ¿Se la ha chequeado recientemente? Esperamos que su corazón esté cálido y sensible a Dios. Pero una advertencia nos llega desde la vida de David: La actitud devota de hoy no ofrece garantías de que usted, de aquí a cinco, diez o veinte años, seguirá siendo el mismo tipo de persona con igual corazón. Ore diariamente para que Dios le ayude a mantener su corazón caliente: Manténgalo con hambre y sed de Dios.

David comprendió el valor del tiempo: Leí una vez acerca de un hombre que tenía un calendario hecho para sí mismo que contaba de forma decreciente hasta una fecha prevista en el futuro basada en un cálculo de su esperanza de vida. Estaba tomándose muy en serio la exhortación de Moisés: "Enséñanos de tal modo a contar nuestros días, que traigamos al corazón sabiduría" (Sal. 90:12). Él estaba literalmente: "Contando sus días".

David, al igual que este hombre y que Moisés en el Salmo 90, también mostró su preocupación por el valor de su tiempo en este mundo cuando oró: "Hazme saber, Jehová, mi fin, y cuánta sea la medida de mis días; sepa yo cuán frágil soy. He aquí, diste a mis días término corto" (Sal. 39:4-5).

La perdurable relación de David con Dios le dio una imagen exacta de su vida. Un palmo menor es el ancho de la mano en la base de los cuatro dedos.[9] Esto es solo un poco más de cuatro centímetros. La Biblia y David están diciendo que la vida es corta: Solo unos centímetros de largo con respecto a la eternidad.

Una enseñanza para aprender acerca de la oración

La oración le permite construir una relación perdurable entre usted y su Padre celestial. Mientras usted ora, entra al reino eterno del Padre, donde las preocupaciones y deseos de este mundo adquieren una percepción divina. Mediante la oración, su vida será vista no solo en su valor en el tiempo, sino también en su valor a través de toda la eternidad.

¡La vida es corta! Así que siga el ejemplo de David y pídale a Dios que le ayude a entender mejor el valor de su tiempo y su importancia para la eternidad. Pídale a Dios que le dé un corazón de sabiduría para vivir su vida de la mejor manera. Pídale que le ayude a usar su tiempo sabiamente, a establecer prioridades en sus tareas y sus metas en la vida, a comprender que el tiempo perdido no se recupera jamás.

David pidió perdón: Cuando Dios llamó a David: "un varón conforme a mi corazón", no se refería a que David fuera perfecto. La mayor parte del tiempo David tenía éxito pero como nosotros, hubo ocasiones en las que tropezó y calló. Es en estas circunstancias en las que nos damos cuenta que una pasión por el Señor ayudará en la batalla contra el pecado, pero que no nos evitará pecar por sí misma. Somos hombres y mujeres de naturaleza pecaminosa (Ro. 7:18) y por lo tanto somos en todo momento susceptibles de caer en pecado. Y una pasión por Dios ayudará a traernos de vuelta a Dios cuando hayamos caído.

Esto fue cierto en el terrible pecado de David con Betsabé. Tomó un tiempo (como un año: 2 S. 12:14) pero a medida que David expone su oración por el perdón, expresa al final un profundo sentimiento de culpa: "Mi pecado te declaré, y no encubrí mi iniquidad. Dije: Confesaré mis transgresiones a Jehová" (Sal. 32:5).

Con el tiempo David también escribió una confesión (Sal. 51) y se la entregó al: "músico principal" para que fuera usada en adoración pública. El encabezado al comienzo del salmo describe brevemente la situación en que fue escrito: "Salmo de David, cuando después que se llegó a Betsabé, vino a él Natán el profeta". En esta oración, David se hace enteramente responsable por sus acciones: "Porque yo reconozco mis rebeliones, y mi pecado está siempre delante de mí. Contra ti, contra ti solo he pecado, y he hecho lo malo delante de tus ojos" (vv. 3-4).

Profundamente arrepentido, David confió en la gracia de Dios cuando clamó: "Crea en mí, oh Dios, un corazón limpio, y renueva un espíritu recto dentro de mí" (v. 10). David siempre había gozado de una estrecha y vital relación con Dios. Sin embargo,

cuando pecó, perdió aquel gozo. Por tanto, oró a Dios diciendo:
"vuélveme el gozo de tu salvación" (v. 12).

Una enseñanza para aprender acerca de la oración

Confesar un pecado es admitir haberse equivocado. En nuestras oraciones de confesión estamos de acuerdo con Dios en que hemos violado sus normas y le pedimos restablecer nuestra relación con él... la cual restablece nuestro gozo.

Se extraen por lo menos dos enseñanzas de las oraciones de confesión de David: Primero, necesitamos asegurarnos de que estamos dispuestos a hacernos responsables por nuestras acciones y confesarlas. Y segundo, debemos estar dispuestos a pedir perdón para que nuestro camino con Dios quede restablecido y la carga del pecado inconfeso no nos consuma. Dios siempre está ahí y siempre es justo para perdonarnos (1 Jn. 1:9).

David tenía conocimiento de Dios: Desde una temprana edad, David fue receptivo a la revelación de Dios. Dios declaró que él era: "un varón conforme a su corazón" cuando David era un simple adolescente. Su receptividad para conocer a Dios y su afán de glorificarlo quedan demostrados mediante las oraciones y los salmos de David, especialmente en el Salmo 139. Aquí, David nos da la altura y profundidad de su conocimiento de la personalidad de Dios.

- Dios es omnisciente: Él conoce todos nuestros pensamientos (vv. 1-6).

- Dios es omnipresente: Él está en todas partes y no nos podemos esconder de Él (vv. 7-12).

- Dios es omnipotente: Él es todopoderoso y el creador de todas las cosas, incluidos usted y yo (vv. 13-16).

- Dios es amor: Él se preocupa por los detalles de nuestras vidas y las aflicciones de nuestros corazones (vv. 17-24).

La dinámica e íntima relación de David con Dios moldeó su percepción de la vida. Él sabía que no estaba solo, que Dios estaba siempre con él. Por lo tanto, David confiaba en Dios con su vida y su alma. Vemos esta verdad puesta de manifiesto en la oración de David en el Salmo 139: "Examíname, oh Dios, y conoce mi corazón; pruébame y conoce mis pensamientos; y ve si hay en mí camino de perversidad" (vv. 23-24). ¿Se ha preguntado qué hizo posible la vital relación de David con Dios? Tal vez fue su disposición a exponerse a la purificadora mirada de Dios. En esta oración, David esencialmente le entrega a Dios las llaves de su corazón, sin dejar nada escondido ni parte alguna de su vida inaccesible a Dios.

Una enseñanza para aprender acerca de la oración

El cómo actuamos en la vida está determinado por el qué tan bien conocemos y respondemos a Dios. Cuando tenemos una correcta visión de Dios, nuestra comprensión nos llevará a tener una conducta correcta. David fue continuamente receptivo a la revelación de Dios de sí mismo, ya fuera mientras atendía las ovejas de su padre o mientras era puesto a prueba por los frecuentes intentos del rey Saúl para asesinarlo. Todo en la vida de David le brindaba la oportunidad de crecer en el conocimiento de Dios. Su disposición a permitir que su vida fuera un libro abierto ante Dios mediante la oración, también lo ayudó a madurar.

¿Son sus oraciones un reflejo de una creciente relación con Dios? ¿Es su vida un libro abierto? ¿Puede usted orar junto a David diciendo: "Examíname, oh Dios, y conoce mi corazón... Y ve si hay en mí camino de perversidad"?

David oró con un corazón agradecido: La gratitud es un aspecto común en las vidas de las extraordinarias oraciones de la Biblia. Sus oraciones estaban llenas de agradecimiento a Dios por sus bendiciones.

- Ana oró diciendo: "Mi corazón se regocija en Jehová, mi poder se exalta en Jehová... por cuanto me alegré en tu salvación" (1 S. 2:1-2).
- Nehemías y los ancianos de Israel expresaron su agradecimiento y gratitud a Dios diciendo: "porque eres Dios clemente y misericordioso" (Neh. 9:31).
- Daniel: "se arrodillaba tres veces al día, y oraba y daba gracias delante de su Dios" (Dn. 6:10).
- María prorrumpió en alabanzas y agradecimientos por

haberla escogido Dios como el instrumento para traer al Mesías al mundo: "Engrandece mi alma al Señor; Y mi espíritu se regocija en Dios mi Salvador" (Lc. 1:46-49).

David, pariente lejano de María, tenía mucho de qué estar agradecido... y fue fiel al expresar su agradecimiento. Quizás su oración de agradecimiento más famosa la ofreció a Dios cuando: "se puso delante de Jehová" después que le dijeron que Dios había hecho un pacto eterno con él y su casa (2 S.7:12-16). Abrumado por la gratitud, oró diciendo: "Señor Jehová, ¿quién soy yo, y qué es mi casa, para que tú me hayas traído hasta aquí?" (v. 18).

Una enseñanza para aprender acerca de la oración

Como hijo del Rey, usted tiene mucho de qué estar agradecido. Dios le ha dado: "toda bendición espiritual en los lugares celestiales en Cristo" (Ef. 1:3). Cada momento despierto deberíamos emplearlo en devota actitud de gratitud. Aún en esos días negros en los que la vida parece estar aplastándonos, no se rinda a la desesperación. Haga lo que hizo David: Adorar a Dios y orar y darle gracias. Dios tiene el control y usted puede agradecidamente dejar todo, incluso las cosas malas, en las poderosas y capaces manos de Dios.

David fue uno de los grandes hombres del Antiguo Testamento: Un pastor, un poeta, un matador de gigantes, un rey, un hombre

de extraordinaria oración y un antecesor de Jesucristo. Pero
también fue un adúltero y un asesino. La Biblia pinta ambas
imágenes de la vida de David con vivos colores y audaces trazos.
No esconde nada.

¿Qué es entonces lo que hace a David un extraordinario
hombre de Dios, un varón conforme al corazón de Jehová?
David tenía una inquebrantable confianza en la capacidad de
Dios para perdonar su pecado, para protegerlo de sus enemigos
y para proveerle a su familia y a la nación. Esta confianza era
particularmente evidente a nivel espiritual: David confiaba en la
naturaleza fiel y misericordiosa de Dios y finalmente confió en
Dios para su destino eterno.

El dulce salmista de Israel y varón conforme al corazón de
Jehová nunca tomó el perdón de Dios ni su relación con Dios a
la ligera. La fe y la confianza de David en Dios nunca menguaron
durante su extraordinaria vida. Continuó fortaleciéndose hasta
sus últimos días. Después de todo, fue él quien escribió:

> Aunque ande en valle de sombra de muerte,
> No temeré mal alguno, porque tú estarás conmigo;
> Tu vara y tu cayado me infundirán aliento...
> Ciertamente el bien y la misericordia me seguirán todos
> los días de mi vida,
> Y en la casa de Jehová moraré por largos días.
>
> (Sal. 23:4, 6).

Principios de oración de la vida de
David

La oración le provee de una perspectiva correcta.

Es fácil quedar atrapado y ser perturbado por las cosas de este mundo. Como consecuencia, usted puede verse derrotado por lo que parecen ser soluciones limitadas. Puede que usted no vea todas las opciones.

La oración le ayuda a mantener una base sólida en el mundo mientras se encarga de cuestiones divinas. Sin una vital oración la vida puede volverse unidimensional, viendo las cosas solamente desde una limitada percepción terrenal. Pero cuando usted ora, ve más la vida desde una ilimitada percepción celestial. David buscó ver la vida desde un panorama celestial. Él no quería hacer otra cosa que ser conforme al corazón de Dios. Por lo tanto, oró.

La oración agudiza su percepción del valor de su tiempo y aclara la dirección que Dios quiere que usted tome. La oración también trae a Dios al frente de sus problemas e incrementa su confianza en Él.

La oración debe impregnar sus días.

En Salmos 55:17, David escribió: "Tarde y mañana y a mediodía oraré y clamaré". David era un hombre que oraba tan frecuentemente como lo necesitaba. Siga el ejemplo de David y permita que la oración invada cada hora y cada acción de su día. ¿Está menos sedienta su alma del Dios vivo? Renuévela y reavívela mediante la oración. ¿Corre el

tiempo muy aprisa y no le alcanza para eso? Pídale a Dios
una renovada visión para los días de su vida. ¿Necesita
perdón? Ore en el acto. ¿Le falta sabiduría para hacer algo?
Pídala. ¿Necesita hablar con alguien un asunto delicado?
Ore primero. ¿Su confianza en Dios es vacilante? Refuércela
orando. Permita que la oración impregne cada uno de sus
días y de sus preocupaciones.

La oración muestra una actitud de confianza.

Cuando usted ora, está confiando en Dios para las consecuencias. Esa es una actitud. David tuvo una actitud de
confianza total en la mano de Dios para administrar su vida.
En el Salmo 31, oró de esta manera: "En ti, oh Jehová, he
confiado... Sé tú mi roca fuerte, y fortaleza para salvarme...
Mas yo en Jehová he esperado. Me gozaré y alegraré en tu
misericordia... Mas yo en ti confío, oh Jehová... Tú eres mi
Dios... En tu mano están mis tiempos; líbrame de la mano de
mis enemigos y de mis perseguidores" (vv. 1-2, 6-7, 14-15).

¿Cuál es su actitud? ¿Expresa usted su confianza en Dios
para todos los detalles de su vida? ¡Él es su roca de refugio,
también y su fortaleza y defensa!

La oración debe ser sencilla.

La oración sincera no debe ser complicada. Dios escucha
lo mismo las oraciones de un niño que las de un teólogo.
La mayoría de las oraciones de David fueron simples y sinceras peticiones: "Oh Jehová... Conoces mis pensamientos...

Líbrame, oh Jehová, del hombre malo... apresúrate a mí; escucha mi voz cuando te invocare".[10]

Cuando usted ora desde su corazón como lo hizo David, sus oraciones son sencillas y apasionadas. Las oraciones más admirables son las que expresan nuestras necesidades con sinceridad y simplicidad. Ore como el publicano que: "estando lejos, no quería ni aun alzar los ojos al cielo, sino que se golpeaba el pecho, diciendo: Dios, sé propicio a mí, pecador" (Lc. 18:13). ¡Siete palabras sencillas, pero las siete palabras más poderosas que cualquier hombre o mujer puedan jamás pronunciar!

$\mathcal{N}$ehemías...
un hombre de
extraordinario propósito

esté ahora atento tu oído y abiertos tus ojos
para oír la oración de tu siervo, que hago ahora
delante de ti día y noche.
—NEHEMÍAS 1:6

uál es mi propósito?

La vasta mayoría de las personas del mundo se lo preguntan. Se preguntan: *¿Por qué estoy aquí? ¿Cuál es el significado de la vida? ¿Qué debo hacer con mi vida?* Y dichas preguntas se esparcen a lo largo de todas las edades y fronteras intelectuales. Los graduados de bachillerato y los graduados universitarios y todos los demás, se preguntan acerca de su propósito. Filósofos de mentes brillantes y con doctorados han debatido acerca de la cuestión del propósito desde los comienzos de la historia de la humanidad.

Lamentablemente, los cristianos se hacen la misma pregunta. Sin embargo, si solo leyéramos nuestras Biblias, comenzaríamos (y me incluyo) a entender nuestro propósito. Y dicho entendimiento transformaría nuestras vidas. He aquí la manera en que Rick Warren plantea su idea de propósito en su tan popular libro *The Purpose-Driven Life* [Una vida con propósito]:

> El propósito de su vida es mucho mayor que su realización personal, su tranquilidad o incluso su felicidad. Es mucho mayor que su familia, su carrera o incluso sus más atrevidos sueños y ambiciones.[11]

Warren continúa diciéndonos por dónde comenzar: "Si usted desea saber por qué lo colocaron en este planeta, debe dirigirse primero a Dios. Fue su propósito, para cumplir su propósito, que usted naciera".[12]

El propósito comienza con Dios

Entonces, según la observación de Rick Warren, si queremos reconocer nuestro propósito, debemos: "Dirigirnos primero a Dios". Debemos comenzar sometiendo nuestras vidas para que Dios las utilice para sus propósitos.

Eso fue lo que le ocurrió a un hombre que vivió hace algo más de 400 años antes de Cristo. Su nombre era Nehemías y su historia se cuenta en el libro de la Biblia que lleva su nombre. Mientras repasemos la vida de Nehemías, usted se dará cuenta del papel que desempeñó la oración para que él pudiera descubrir el propósito que Dios le tenía reservado.

Nehemías era un hombre de gran éxito. Era un alto oficial de confianza del Imperio Persa. Como "copero" del rey (Neh. 1:11), Nehemías se aseguraba que nadie le diera nada de comer o tomar al rey que lo pudiera dañar. Su puesto le daba el privilegio de ser uno de los pocos hombres con acceso directo al rey. ¡Para haber sido extranjero judío, Nehemías había alcanzado la cima!

Pero un día ocurrió algo que volteó su vida de pies a cabeza, que cambió para siempre sus deseos. Otro judío, de Jerusalén, la antigua capital de los judíos que los babilonios habían destruido, le contó: "El remanente... están en gran mal y afrenta, y el muro de Jerusalén derribado, y sus puertas quemadas a fuego" (v. 3). Dicho mensaje dejó a Nehemías consternado: "Me senté y lloré, e hice duelo por algunos días" (v. 4). Y justo después dice: "ayuné y oré delante del Dios de los cielos" (v. 4).

Ahora le pregunto yo a usted: ¿Cómo reacciona usted ante noticias trágicas? Es natural reaccionar de la forma en que lo hizo Nehemías. Un ser querido ha muerto, usted tiene el corazón hecho pedazos, así que, llora y hace duelo. Cuando ocurre alguna tragedia, usted se queda consternado y perplejo. ¿Pero da usted el siguiente y tan necesario paso? ¿Hace usted lo que hizo Nehemías y ora ante el Dios de los cielos? ¿Acude usted de inmediato a Dios e intenta entender su voluntad para poder comprender lo que Él está permitiendo que pase en su vida? Acudir a Dios en oración es el punto de partida para poder soportar la vida, si queremos averiguar qué nos está pasando.

Ahora bien, veamos cómo dirigirse primero a Dios por medio de la oración ayudó a Nehemías a encontrar su propósito.

La oración en la vida de Nehemías

Nehemías no era ni profeta ni sacerdote, pero era un judío que conocía a Dios y lo amaba. A pesar de encontrarse a cientos de kilómetros de su patria, sabía la importancia que tenía Jerusalén para Dios. Se sintió muy afligido al saber que 90 años después del regreso de muchos de los cautivos, Jerusalén no había sido reconstruida aún ni la causa de Dios había progresado.

Haciendo uso de dicha información histórica, usted y yo tenemos el privilegio de escuchar varias de las extraordinarias oraciones de Nehemías. Como pronto veremos, Dios y su búsqueda de la guía de Dios fueron hábitos constantes de este extraordinario hombre.

Nehemías oró pidiendo guía: Como vimos anteriormente, las noticias de Jerusalén afectaron grandemente a Nehemías. ¿Cómo podía él ayudar? Estando a cientos de kilómetros de distancia, ¿qué podía hacer?

Una cosa que Nehemías sí podía hacer era orar. Podía ir ante Dios con un corazón humilde y sumiso. Y eso fue lo que hizo. Nehemías nos muestra cómo dirigirnos a Dios:

— Nehemías comenzó sus oraciones ayunando y adorando a Dios con reverencia:
  Dios de los cielos, fuerte, grande y temible, que guarda el pacto y la misericordia a los que le aman y guardan sus mandamientos (Neh. 1:5).

— Nehemías recordó a Dios su pacto y su promesa.
  Él oró:
  Dios… que guarda el pacto y la misericordia a los que le aman y guardan sus mandamientos (v. 5).

— Nehemías sumó entonces la confesión a su oración. Se

incluyó a sí mismo en la confesión de los pecados. Incluyó los suyos y los de sus compatriotas judíos:

hemos cometido contra ti; sí, yo y la casa de mi padre hemos pecado. En extremo nos hemos corrompido contra ti, y no hemos guardado los mandamientos, estatutos y preceptos que diste a Moisés tu siervo (vv. 6-7).

— Nehemías además, con toda confianza, pidió a Dios que recordara las palabras que había dado a Moisés: (vv. 8-9).

— Nehemías por fin comenzó a sentir la guía de Dios y el papel que debía desempeñar para llevar a cabo el propósito de Dios. El propósito y la guía de Dios surgieron de la percepción de su necesidad de comprender la naturaleza de Dios estando inmerso en sus oraciones antes de dirigirse al rey Artajerjes para hacerle una petición:

"concede ahora buen éxito a tu siervo, y dale gracia delante de aquel varón" (v. 11).

Una enseñanza para aprender acerca de la oración

Mi amigo en la oración, Dios es el Dios de los que tienen el corazón roto. Nehemías se sentía afligido e impotente. ¿Qué podía hacer para ayudar a su pueblo? Podía orar. Así que, al igual que Nehemías, quien oró por aflicción y preocupación, ¿qué preocupación, dolor o necesidad puede llevar usted a Dios por medio de la oración? Nehemías apeló a las promesas de Dios a su pueblo. ¿A qué promesa

> de Dios puede apelar cuando esté necesitado? ¿Por
> qué no llevar la promesa a Dios por medio de la
> oración e intentar determinar qué papel le corres-
> ponde desempeñar en el gran plan de Dios y su
> propósito para con usted?

Nehemías oró al instante: Nehemías estuvo orando durante
cuatro meses.[13] Y en medio de sus obligaciones, servirle vino al
rey, el rey le preguntó a Nehemías por qué estaba triste. La tristeza
era un sentimiento peligroso de expresar en presencia del rey y
Nehemías temió por su vida.

Nehemías no tuvo tiempo para cerrar sus ojos o hincarse de
rodillas y pasarse un tiempo prolongado dedicado a la oración.
Solo contaba con medio segundo para ofrecer una rápida oración
de ayuda: "Entonces oré al Dios de los cielos" (2:4). (Esto me
recuerda otra oración que el discípulo de Jesús, Pedro, ofreció
con rapidez cuando se hundía al caminar por las aguas: "¡Señor,
sálvame!" [Mt. 14:30]. Es obvio que siempre hay tiempo para una
oración espontánea de urgencia.)

Dado que Nehemías tenía el hábito de orar con regularidad,
su reacción ante una situación tan peligrosa fue la de ofrecer
una oración: "Como una flecha" de manera rápida y silenciosa.
Instintivamente le pidió a Dios sabiduría y guía y Dios lo
recompensó por medio de una respuesta desbordante del rey.
Dado que Nehemías había orado extensivamente durante meses
acerca de la situación en Jerusalén, tuvo el valor de solicitar
permiso para ausentarse, suministros para reconstruir el muro
y protección para el viaje (Neh. 2:4-8).

¡Nehemías había encontrado su propósito! Pero a los ojos de la sociedad, su nuevo camino era una pérdida definitiva de categoría. Nehemías dejaba uno de los cargos de mayor poder en el imperio a cambio del cargo de gobernador de Jerusalén, que era considerado un distrito atrasado, ubicado en un rincón olvidado del imperio. Pero nada de eso le importó a Nehemías. Él había encontrado su propósito por medio de la oración. Y se vio obligado a seguir el plan de Dios para su vida, sin importar las consecuencias.

Una enseñanza para aprender acerca de la oración

Dondequiera que estemos, tendremos un camino al cielo abierto para nosotros. Es la oración. Ya sea en el trabajo o en la casa, viajando o lo que sea que estemos haciendo en nuestras agitadas vidas, podemos expresar en silencio, justo en ese momento, nuestras necesidades y nuestros deseos al Dios del cielo. Podemos seguir el ejemplo de Nehemías y ofrecer oraciones espontáneas en silencio cientos de veces al día. Nehemías constituye un excelente ejemplo de los que creen que en cualquier circunstancia podemos hacer patente la presencia de Dios al hablar con Él por medio de la oración, ya sea en oraciones "como flechas" o en nuestro arsenal de oraciones.

Nehemías oró por liberación: Nehemías tenía ahora una visión, un propósito. Pero él solo no podía cumplirlo. Cuando llegó a Jerusalén e inspeccionó la destrucción, se dio cuenta de que necesitaba que otros se unieran a su gran causa: la de reconstruir el muro para contrarrestar los oprobios al pueblo de Dios y al nombre de Dios. Así que, por medio de un apasionado discurso, ganó el apoyo del pueblo y comenzaron, juntos a reconstruir el muro de la ciudad (vv. 17-18).

Pero en la medida en que Nehemías y el pueblo procedieron a actuar según el propósito de Dios, la oposición irguió su fea cabeza e intentó detener el progreso siete veces.[14] ¿Qué hizo Nehemías? ¡Adivinó! Las Escrituras registran que como respuesta a la mayoría de los intentos de los enemigos para afectar el proceso de reedificación, Nehemías oró. Oró para que Dios frustrara los malvados planes y juzgara a los hombres malvados que intentaban detener el trabajo de Dios: "Oye, oh Dios nuestro... vuelve el baldón de ellos sobre su cabeza, y entrégalos por despojo en la tierra de su cautiverio" (4:4).[15]

Una enseñanza para aprender acerca de la oración

Nehemías creía en lo que estaba haciendo. Creía que realizaba la obra de Dios al reconstruir el muro. Y creía que la persecución era consecuencia de dicha obra. Así que, sus oraciones pidiendo liberación no eran para su propia guerra, sino para la guerra de los obreros, para la edificación del muro y para la gloria de Dios. La próxima vez que se sienta perseguido y esté listo a orar por liberación, pregúntese la razón por la que está siendo perseguido. ¿Es a causa de algún problema de carácter que obliga a los demás a reaccionar o es a causa de la obra de Dios y su gloria? Si es la última, ¡ore!

Nehemías oró por restitución: El trabajo en el muro progresaba a pesar de las complicaciones ocasionadas por los enemigos que se encontraban del otro lado del muro. Pero surgió un nuevo problema: ¡El enemigo interno! El enemigo era la ambición. Muchos de los nobles y de los ricos no apoyaban la reedificación (3:5), probablemente debido a sus vínculos con los hombres enemigos de Dios y sus propósitos (2:19-20). La clase enriquecida explotaba a los pobres de la ciudad al cobrarles intereses excesivos (5:7). Esto imposibilitó que las personas pagaran sus deudas. Como consecuencia, muchas familias fueron vendidas como esclavos.

En respuesta al clamor del pueblo, Nehemías exigió que los nobles devolvieran lo que habían tomado a los pobres. Entonces, para demostrar que hablaba en serio, Nehemías sacudió visualmente sus vestiduras, oró por que se le devolvieran los bienes a los empobrecidos y llamó la ira de Dios sobre los que no cumplieran con la promesa de perdonar las deudas al decir: "Así sacuda Dios... a todo hombre que no cumpliere esto" (v. 13).

Nehemías no se aprovechó del pueblo (vv. 14-18) y esperaba que los nobles actuaran de la misma manera.

Una enseñanza para aprender acerca de la oración

Dios expresa su preocupación por los pobres en casi todos los libros de la Biblia. Dios nunca quiso que las personas sacaran ganancias de las desgracias de los demás. Nehemías llevó a los nobles a cumplir con la norma de Dios de preocuparse por los pobres. Hoy día, nosotros también debemos cuidar por medio de la oración a los hermanos creyentes que necesitan una mano amiga o a aquellos de los que se están aprovechando. Puede que no nos encontremos en una posición de líder, como Nehemías, desde la que podamos exigir la indemnización o el alivio a otros. Pero sí podemos orar por que haya oportunidades para los que son menos afortunados.

Cuatrocientos años después, en esa misma ciudad, la iglesia de Jerusalén era alabada por haber trabajado en conjunto para reducir la pobreza (Hch. 4:34-35). Que nosotros y las iglesias de hoy día sigan ese ejemplo y hagan una práctica orar por maneras para ayudar al necesitado. Recuerde que: "El que da al pobre no tendrá pobreza" (Pr. 28:27). Y no se preocupe por sus necesidades: "Mi Dios, pues, suplirá todo lo que os falta conforme a sus riquezas en gloria en Cristo Jesús" (Fil. 4:19).

Nehemías oró en confesión: Por medio de la oración y la diligencia, el muro fue por fin completado... ¡en solo 52 días (Neh. 6:15)! Por lo tanto, en ánimo de celebración, el pueblo se reunió de manera espontánea en la plaza y pidieron que buscaran el libro de la ley de Moisés y se lo leyeran. Mientras leían el libro de la ley de Moisés, el pueblo comenzó a entristecerse y a llorar

(8:9). Se empezaron a dar cuenta que habían estado violando la ley de Dios. Lágrimas de convicción llenaron sus ojos en la medida en que se dieron cuenta que habían transgredido los mandamientos del Señor. Los líderes se sorprendieron a causa de tal muestra de emoción y alentaron al pueblo a que se regocijara en las bendiciones de Dios. ¡Ese era un día de celebración por la terminación del muro!

A causas de la reacción de pueblo, aquel día tan especial se hizo a un lado para adorar a Dios y arrepentirse de los pecados. Cuando aquel día llegó, el pueblo lloró y leyó la ley, reconocieron sus desaciertos y concluyeron con adoración y una extensa oración de confesión (9:4-37). Aunque el nombre de Nehemías no se menciona, como Gobernador, él y el sacerdote Esdras probablemente estuvieron presentes e involucrados de manera activa en aquel: "Día Nacional de la Oración". Fíjese en las siguientes características de la oración colectiva:

- Se confesaron los pecados. El pueblo reconoció los errores pasados y presentes cuando: "estando en pie, confesaron sus pecados, y las iniquidades de sus padres" (v. 2).
- Se reconoció el carácter de Dios. La adoración a Dios fue el basamento de la oración. Hicieron alusión a la bondad, la justicia y la misericordia de Dios: "Pero tú eres Dios que perdonas, clemente y piadoso, tardo para la ira, y grande en misericordia" (v. 17).[16]
- Se hizo una promesa solemne. Para asegurarse de que no se olvidarían rápidamente de su juramento, los líderes espirituales y seculares, firmaron un documento que expresaba su compromiso: "nosotros hacemos fiel promesa, y la

escribimos". Y para agregarle un punto explicatorio, dijeron: "firmada por nuestros príncipes, por nuestros levitas y por nuestros sacerdotes" (9:38).

Una enseñanza para aprender acerca de la oración

¡Confesarnos es difícil! Porque el pecado nos ciega a las normas de Dios. Por eso tendemos a resistirnos lo más que podamos a que Dios tome nuestros corazones. En ocasiones nos arraigamos a nuestros pecados hasta que nos agravan, como le pasó al rey David (Sal. 32:3-4), o hasta que morimos a causa de nuestra obstinada rebelión (1 Jn. 5:16). Tendemos a juzgarnos a nosotros mismos basados en los que nos rodean. Decimos: "¡Yo no soy tan malo como aquel!" En algunos casos, nuestra conciencia queda "chamuscada" hasta el punto en que nos volvemos insensibles a nuestras propias iniquidades (1 Ti. 4:2).

¿Por qué entonces nuestra aversión a las oraciones de confesión? Tenemos que hacer lo que hizo el pueblo de Nehemías. Tenemos que leer la Palabra de Dios, que aparece en la Biblia. En la medida en que logremos: "entender las palabras de la ley" (Neh. 8:13) y seamos convictos por el Espíritu Santo, entonces, igual que los israelitas, desearemos presentarnos en adoración y confesión ante nuestro sagrado Dios. Eso hizo David. Cuando finalmente cedió a la convicción de Dios de su pecado, oró: "Mi pecado te declaré, y no encubrí mi iniquidad. Dije: Confesaré mis transgresiones a Jehová; y tú perdonaste la maldad de mi pecado" (Sal. 32:5).

Mantente cerca de Dios. Permanece en su Palabra. Y confiesa tus pecados constantemente. Esto te permitirá experimentar continuamente el gozo de tu salvación (Sal. 51:12).

Nehemías oró por remembranza: Nehemías había terminado su tarea: El muro se había completado. Además, las reformas sociales se habían llevado a cabo y el gobierno de la ciudad se había establecido. Nehemías creía que había cumplido con el propósito que Dios le había dado. Así que, en sus tres últimas oraciones registradas en la Biblia, el fiel siervo pidió a Dios...

Acuérdate de mí, oh Dios, en orden a esto, y no borres mis misericordias que hice en la casa de mi Dios, y en su servicio (Neh. 13:14).

Acuérdate de mí, oh Dios [por] santificar el día del reposo (vv. 15-22).

Acuérdate de mí, oh Dios [por proteger a Israel y no permitir que los paganos violaran la ley de Moisés] (vea los vv. 29-31).

Un estudioso evalúa dichas oraciones de la siguiente manera: "Con estas palabras, Nehemías sale de escena, encomendándose a sí mismo y a su baja del cargo a voluntad del Juez justo. Su fidelidad cabal lo había llevado al enfrentamiento no solo con los enemigos externos, sino también con muchos de sus propios hermanos... Con esas palabras, lo deja todo en manos de Dios".[17]

Estas tres oraciones del corazón de Nehemías fueron respondidas de manera maravillosa por el Señor. Hoy contamos con un registro permanente de las memorias de Nehemías, el libro de Nehemías, que nos brinda un testimonio de las respuestas de Dios a sus oraciones.

Una enseñanza para aprender acerca de la oración

Sé que usted y yo estamos de acuerdo en algo: Que queremos que nuestras vidas sirvan de algo. Detestaría llegar al fin de mis días y tener muy poco que mostrar como resultado de todos mis esfuerzos y estoy seguro de que usted piensa igual. Nehemías tuvo la misma preocupación. Sus oraciones de remembranza constituyen una sencilla súplica a Dios de que, por favor, recordara su fidelidad.

¿Qué usted pide a Dios que recuerde respecto a su vida? ¿Qué servicio ha prestado al pueblo de Dios? ¿Qué ministerio ha hecho a su familia? ¿Puede pararse frente a Dios hoy y lograr que diga: "Bien, buen siervo y fiel" (Mt. 25:23)? Si siente que, hasta ahora, ha logrado muy poco para que se le recuerde, pida a Dios que le muestre el propósito que Él tiene reservado para su vida. Comience entonces a cumplir con dicho propósito con todo su cuerpo, alma y fuerzas. Entonces será capaz de orar, como

Nehemías: "Acuérdate de mí, Dios mío, para bien"
(Neh. 13:31).

Ya sea usted hombre o mujer, esposo o esposa, soltero(a) o viudo(a), puede aprender mucho acerca de la oración y el propósito estudiando la vida de Nehemías. Sus extraordinarias oraciones nos enseñan a:

- Orar para suplir la necesidades de los demás. El conocimiento que tenía Nehemías de las condiciones del pueblo de Jerusalén lo movió a orar y buscar una manera de ayudarlos.
- Esté abierto al propósito de Dios. Nehemías tuvo una visión del propósito de Dios mientras oraba y es probable que Dios le revele su propósito mientras ora.
- Dedíquese al propósito de Dios. Nehemías pidió permiso en su trabajo y usted también tiene que dejar a un lado ciertas actividades para poder llevar a cabo el plan que Dios tiene reservado para su vida.
- Busque el apoyo de otros. Nehemías no pudo completar el propósito de Dios de construir el muro él solo... ¡Ni usted tampoco puede lograrlo solo!
- Persevere, no importa lo que suceda. Nehemías se enfrentó a múltiples oposiciones y no cejó, y para lograr el propósito de Dios, puede que usted tenga que hacer lo mismo.
- Hágase líder por medio del ejemplo. La conducta impecable de Nehemías nos muestra el modo de ser de un miembro al que el pueblo de Dios seguirá para llevar a cabo los propósitos de Dios. ¡Siga sus pasos!

Principios de oración de la vida de
Nehemías

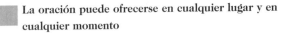

La oración puede ofrecerse en cualquier lugar y en cualquier momento

Aunque (como Nehemías) se pare delante de un rey dentro de las murallas de un palacio persa o en el muro de Jerusalén, puede orar. Aunque esté trabajando, en la cocina o en el jardín, puede orar. Puede orar todo el tiempo, en todos los lugares que la vida lo lleve y por todas las personas y preocupaciones que ocupan su vida. Dios está en todas partes todo el tiempo, así que, puede orar en cualquier parte en cualquier momento.

La oración debe ser una actitud y un hábito constante

Tener siempre conciencia de Dios conduce al hábito de la oración perpetua. Si Dios nunca se aparta de su mente, orará. Si toma cada acción u oposición como una oportunidad para buscar la guía de Dios y confiar en su protección, orará. La oración se hará automática. No cesará nunca. Le será tan natural como respirar. Constituirá su estilo de vida. Y justo como las oraciones de Nehemías se hicieron un hábito, las suyas también se harán un hábito.

La oración no sustituye la acción

Debemos balancear las oraciones y las acciones, la fe en Dios y el seguir a Dios, las oraciones por la voluntad de Dios y el hacer la voluntad de Dios. Nehemías oró cada paso del camino con respecto de qué hacer y además, hizo algo: Actuó. No posponga, en nombre de la oración, la realización de una acción que usted sabe que es correcta. Ore y después actúe. En ocasiones una oración tipo flechazo es lo único que puede ofrecer antes de proseguir y en otras, agonizar en oraciones, tal vez hasta durante 40 días y 40 noches, será necesario para preparase para la acción.

La oración revela su relación con Dios

Dios no es una deidad lejana. Él es: "Nuestro Dios" y mejor aún, como a menudo decía Nehemías en sus oraciones, un: "Mi Dios" de manera muy personal. Una relación cercana con Dios no surge de una vida repleta de oraciones ocasionales que se ofrecen antes de las comidas. El andar íntimo junto a Dios no se alimenta de escasos fragmentos de oraciones pronunciados solo en grandes apuros. No, el compañerismo con Dios se edifica sobre la base de la oración constante. La cantidad de tiempo que invierta en orar revela la medida de su cercanía con Dios Padre. La práctica de oraciones continuas le da la seguridad de que Dios está a su lado, con usted, todos los días y en todas las dificultades. Mientras más ore, más conocerá a Dios.

Capítulo 7

Job...
un hombre de extraordinario carácter

Hubo... un varón llamado Job; y era este hombre perfecto
y recto, temeroso de Dios y apartado del mal.

—JOB 1:1

Cuando a las personas buenas les pasan cosas malas
es el título de un libro de gran éxito de ventas publicado
hace más de 20 años. Fue escrito por el rabino Harold
Kushner después que perdió a su hijo víctima de una rara
enfermedad de envejecimiento. Como muchas otras personas
que han tenido que enfrentar alguna tragedia, el rabino Harold
Kushner preguntaba: "Si Dios existe y se supone que sea clemente
y bondadoso, ¿cómo es posible que nos haya hecho esto a mí y
a mi hijo inocente?

La pregunta hecha por el rabino Kushner sobre el sufrimiento
de los "inocentes" ha sido hecha por otras personas a lo largo de
los siglos. Aunque muchas de esas observaciones no han llegado a
nosotros, estoy seguro de que algunos de esos mismos individuos
hicieron la misma pregunta de justicia.

Pero la Biblia recoge para nosotros un notable y antiguo relato de sufrimiento y de cómo manejar con éxito las: "Cosas malas", la historia de un hombre llamado Job. Su historia pormenoriza el proceso de prueba y perfeccionamiento que tuvo que soportar en medio del sufrimiento.

Un carácter forjado en el sufrimiento

A medida que vamos estudiando algunas de las extraordinarias oraciones en la Biblia y los extraordinarios hombres y mujeres que ofrecieron esas oraciones, es importante conocer que los libros de la Biblia no aparecen en orden cronológico. El libro de Job, que contiene la vida y las oraciones de Job, aparecen a mediados de la Biblia. Sin embargo, los especialistas en textos bíblicos creen que es el más antiguo de todos los documentos bíblicos. Job probablemente vivió en los tiempos de Abraham.

¿Quién fue Job? La Biblia dice que fue un hombre de grandes riquezas e influencia. Lo describen de la siguiente manera: "era aquel varón más grande que todos los orientales" (Job 1:3). Además de una gran fortuna, tenía una esposa y diez hijos. Job había sido bendecido con tanta abundancia que parecía como si Dios hubiera hecho una cerca: "alrededor de él" (v. 10).

Pero las cosas cambiaron. En el espacio de unas horas, Job pasó de la fortuna a la pobreza. Lo perdió todo: sus hijos, su fortuna y hasta la salud. ¿Cómo respondería a tal devastación? Satanás, el acusador de nuestros hermanos (Ap. 12:10), le sugirió a Dios que Job: "blasfema contra ti en tu misma presencia" (Job 1:11; 2:5). Hasta la esposa de Job lo aconsejó: "Maldice a Dios, y muérete" (2:9). Sin embargo, a pesar de tanta tragedia y las palabras desalentadoras de su esposa, la Biblia nos dice: "En todo esto no pecó Job con sus labios" (v. 10). Retuvo su integridad (v. 9).

El "carácter" ha sido descrito como lo que somos cuando estamos solos. Esta fue realmente la situación de Job. Solo, sin un centavo y cubierto de la cabeza a los pies con dolorosas llagas, vemos su carácter interior revelado por medio de sus oraciones.

La oración en la vida de Job

La Biblia afirma que Job: "era [un] hombre perfecto y recto, temeroso de Dios y apartado del mal" (1:1). Cuando uno lee los tres primeros capítulos acerca de la historia de la vida de este hombre, los detalles de su dolor y sufrimiento, uno pensaría que iba a leer sobre sentimientos de duda, ira y desconcierto. Pero ese no es el caso de Job. Dios dice que: "no pecó Job con sus labios" (2:10). Y entonces empezamos a comprender; hubiera sido muy difícil para Job tener un carácter extraordinario de no ser un hombre de oración. ¡Y sin dudas fue un hombre de oración!

Job ofreció una oración de intercesión: La oración nos da un privilegio único. Podemos interceder por los demás. La historia de Job comienza orando por sus hijos (1:4-5) y termina orando por sus amigos (42:10). La intercesión de Job por su familia es un tanto única en las Escrituras y se ve puesto en práctica solo en unas cuantas ocasiones:

- Rebeca era estéril: "Y oró Isaac a Jehová por su mujer, que era estéril" (Gn. 25:21).
- María, la hermana de Moisés, fue castigada con la lepra porque había cuestionado su liderazgo y: "Moisés clamó a Jehová, diciendo: Te ruego, oh Dios, que la sanes ahora" (Nm. 12:13).

- El hijo recién nacido del rey David estaba enfermo y: "Entonces David rogó a Dios por el niño; y ayunó David, y entró, y pasó la noche acostado en tierra" (2 S 12:16).
- Un niño endemoniado fue llevado ante Jesús y el padre le pidió a Jesús: "si puedes hacer algo, ten misericordia de nosotros, y ayúdanos" (Mr. 9:22).

Job, también, era un padre preocupado. Oraba fielmente por sus siete hijos y tres hijas, otra indicación más de lo profundo de su carácter y de su devoción espiritual. ¡Qué ejemplo les da Job a los padres! "Se levantaba de mañana y ofrecía holocaustos conforme al número de todos ellos. Porque decía Job: Quizá habrán pecado mis hijos, y habrán blasfemado contra Dios en sus corazones. De esta manera hacía todos los días" (Job 1:5).

A través de los años, he tratado de seguir el ejemplo de Job orando regularmente por mis dos hijas. Cuando eran niñas, oraba para que Dios actuara sobre sus corazones y llegaran a conocer a Jesús como su salvador. A medida que se hicieron adolescentes, oré para que Dios les presentara jóvenes piadosos en sus vidas. Y ahora oro por sus esposos, su hogar, sus hijos y su dedicación continua a Dios. Orar por los nietos es una nueva faceta en mis oraciones. Déjeme decirle de todo corazón que si usted es padre o madre, abuelo o abuela, ¡no deje de orar por sus hijos y los hijos de sus hijos!

De hecho, esa costumbre pudiera convertirse en un trabajo a tiempo completo, como descubrió mi esposa, Elizabeth, un día mientras hacía uso de la palabra en una conferencia de mujeres. En uno de los recesos, una mujer le contó que se había comprometido a orar diez minutos al día por su primer nieto cuando este naciera. (¡Un compromiso digno de admiración!)

Ahora la fiel abuela tiene 23 nietos y ha cumplido fielmente su compromiso de orar por cada nieto diez minutos al día. ¡Eso asciende a alrededor de cuatro horas de oración cada día!

Una enseñanza para aprender acerca de la oración

La oración es un ejercicio del corazón. Es un acto de comunicación con el Dios eterno acerca de lo más importante y lo más apremiante en la vida de uno. En cuanto a Job, su centro de atención estaba en lo más importante y lo más apremiante: Su familia y su condición espiritual. ¿Qué es importante y apremiante en la vida de usted? ¿Su centro de atención está en las personas más allegadas a usted, en los miembros de su familia?

Conjuntamente con la atención centrada en la familia debe ir la frecuencia. Job oraba "regularmente". ¿Ora usted regularmente por las personas más allegadas a usted? ¿Por otras personas? ¿Para interceder por alguien?

Pero la vida de oración de Job nos enseña más. Además de centro de atención y frecuencia, debe haber fervor. Job: "se levantaba de mañana y ofrecía holocaustos conforme al número de todos ellos", es decir, sus diez hijos (1:5). Es cierto lo que dice Santiago 5:16: "La oración eficaz del justo puede mucho". Que podamos aprender bien las enseñanzas de la oración intercesora: ¡Ore con propósito, con frecuencia y con fervor!

Job ofreció una oración de resignación: La pérdida de todos los bienes es nada en comparación con la pérdida de todos los hijos. ¡Esa sería una tragedia inconcebible! ¿Cómo respondería usted ante una tragedia de esa magnitud? ¿Cómo podría hacerlo?

Job sigue siendo un excelente ejemplo a seguir. Él expresó todos los elementos de dolor del Antiguo Testamento: "Job se levantó, y rasgó su manto, y rasuró su cabeza". Pero también dio el próximo paso de fundamental importancia: "se postró en tierra y adoró". En vez de maldecir a Dios como hacen algunas personas, Job ofreció una oración de confianza, bendiciendo el nombre de Dios (Job 1:20-21).

La oración de Job de resignación a la mano providencial de Dios fue: "Jehová dio, y Jehová quitó" (v. 21). Su piadosa respuesta desmintió indiscutiblemente las acusaciones de Satanás de que si Dios permitía afligir a Job, este maldeciría a Dios (1:11; 2:5). En cambio, Job confió en Dios y bendijo su nombre.

Job entendía un poco la naturaleza y los atributos de Dios. Su oración de resignación fue simplemente un acto para honrar a Dios por su providencia y dirección. No obstante la apariencia de las circunstancias, el Dios soberano del universo estaba cumpliendo su voluntad. Por lo tanto, todo le saldría bien a Job.

Una enseñanza para aprender acerca de la oración

Cuando la esposa de Job sugirió que blasfemara contra Dios y muriera, Job le respondió de manera tal que le comunicaba su resignación a la voluntad de Dios: "¿Recibiremos de Dios el bien, y el mal no lo recibiremos?" (2:10). A veces cuando sufrimos, si no ponemos cuidado, podemos actuar como la esposa de Job y decir tonterías sobre Dios y nuestra situación. La oración nos ayuda a someternos a lo que Dios está haciendo en nuestras vidas de una forma que honra a Dios.

Recuerde dos cosas cuando ora: Primero, todo lo que le sucede a usted pasa por el filtro de Dios, hasta lo que parece una tragedia (1:6–2:10). Y segundo, todo por lo que Dios hace que usted pase es por su bien supremo y su gloria. Dios solo busca dar: "buenas cosas" a sus hijos (Mt. 7:11).

La próxima vez que la tragedia azote y no encuentra los motivos, deje que la oración de resignación de Jesús a Dios el Padre antes de la crucifixión sea su oración: "no sea como yo quiero, sino como tú" (Mt. 26:39).

Job ofreció una oración de autocompasión: Con gran resolución y confianza, Job comenzó su suplicio de sufrimiento. Pero después de su experiencia de dolor y sufrimiento durante una semana (Job 2:11-13), Job estaba dispuesto a rendirse, a ser liberado de su malestar y a morir. Desdichadamente, lamentándose, ofreció una oración de autocompasión: "¡Quién me diera que viniese mi petición, y que me otorgase Dios lo que anhelo, y que agradara a Dios quebrantarme; que soltara su mano, y acabara conmigo!" (6:8). Esta fue una oración de petición que Dios no le otorgaría a Job. Dios tenía un plan más importante para su siervo y la muerte en ese momento no era una opción. El temple de Job estaba siendo puesto a prueba en el fuego de la adversidad para ver si su fe era realmente pura, una fe más preciosa que el oro (1 P. 1:7).

*Una enseñanza para aprender
acerca de la oración*

Tenemos la tendencia, como Job, a querer rendirnos y salir de las cosas malas de la vida... ¡Y rápido! No es ningún problema confiar en Dios en los buenos tiempos, pero confiar en Él durante los tiempos difíciles decididamente pone a prueba nuestra fe al máximo. Pero es ahí exactamente donde Dios nos quiere y lo que quiere de nosotros: Quiere que confiemos en Él plenamente. Dios dice: "Bástate mi gracia; porque mi poder se perfecciona en la debilidad" (2 Co. 12:9).

La próxima vez que usted sienta deseos de rendirse, recuerde la gracia de Dios. Lo ayudará a sobrellevar sus sufrimientos. Y en vez de orar para que Dios: "Le ponga fin a todo", ore para que Dios: "Lo use todo" para su gloria y para nuestro bien.

Job ofreció una oración de comprensión: En medio de su horrendo sufrimiento, algunos amigos de Job fueron a consolarlo. (Como verá, con amigos como estos, ¡Job no necesitaba enemigos!) Una teología incorrecta hizo que ellos llegaran a la conclusión de que Job estaba sufriendo debido a algún pecado personal. Asimismo, ninguno de ellos, incluyendo a Job, no sabía de la discusión que se había producido anteriormente entre Dios y Satanás (Job 1:6–2:7).

El diálogo entre Job y sus amigos abarca la mayor parte del libro de Job (3:1 - 37:24). Cuando Bildad acusó a Job de haber cometido pecado, Job negó haber hecho mal y oró a Dios casi de manera osada, pidiendo respuestas. Job dijo: "Diré a Dios: No me condenes; hazme entender por qué contiendes conmigo" (10:2).

Las oraciones pidiendo comprensión son aceptables. No preguntó María, una virgen: "¿Cómo será esto?" (Lc. 1:34) cuando le dieron la noticia de que concebiría y daría a luz al Hijo de Dios. El ángel Gabriel nunca reprendió a María por su cuestionamiento. Por el contrario, le explicó pacientemente cómo se produciría el milagroso acontecimiento (v. 35).

Pero el pobre Job, en su esfuerzo por comprender cómo y por qué estaba sufriendo, trató de pedirle cuentas a Dios. Entendía que estaba siendo injustamente acusado y exigió que Dios, el Juez, le diera pruebas de su condenación. En un momento terrible, abrumado por el dolor físico y el dolor emocional, Job expresó la vergonzosa idea de que Dios lo había creado solo para destruirlo. En su oración, expresada en agonía y sufrimiento, Job no mencionó ni una sola vez el nombre de Dios. Oró pidiendo comprensión, pero buscó sus propias respuestas a la vez que continuaba manteniendo su inocencia ante Dios (Job 10:2-22).

Una enseñanza para aprender acerca de la oración

Job se arrepintió de las muchas declaraciones que le hizo a Dios en esta y otras oraciones. Pero en este momento de su sufrimiento y de su frustración al no comprender lo que estaba sucediendo, Job se vio atrapado en la exigencia de respuestas, la tergiversación de Dios y su olvido sobre el amor de Dios por él.

¿Está usted sufriendo ahora en algún aspecto

> de su vida? Examine sus oraciones para ver si
> quizás esté haciendo lo mismo que Job al exigir
> respuestas. En su desesperación por comprender
> lo que está sucediendo, contenga los deseos de:
> "Pedirle cuentas a Dios". No pregunte "¿Por qué?"
> como hizo Job. Al contrario, siga el ejemplo de
> María y pregunte humildemente "¿Cómo?" No ore
> para comprender. Ore por una mejor comprensión de
> Dios. Y siga poniendo su confianza en el Juez justo.

Job ofreció una oración de súplica: Orar en súplica significa pedir de todo corazón, rogar, instar o implorar. En medio de su dolor personal y la incesante insistencia de sus amigos, Job continuó pidiendo una oportunidad para declarar su inocencia ante Dios. Quería tener la oportunidad de alegar su causa ante el Juez Todopoderoso. Job oró: "¡Quién me diera el saber dónde hallar a Dios! Yo iría hasta su silla. Expondría mi causa delante de Él (23:3-4).

Una enseñanza para aprender acerca de la oración

El dolor y el sufrimiento son difíciles de soportar. Y suplicamos. Rogamos. Imploramos. Queremos curarnos, ser felices, que se haga justicia. Entonces, si el sufrimiento continúa y el dolor no se quita, o la situación no mejora, podemos impacientarnos con facilidad. Todas estas preocupaciones son válidas, pero finalmente debemos preguntar: ¿A quién le sería útil si nuestras oraciones pidiendo alivio fueran atendidas? A otras personas quizás, pero sobre todo a uno mismo.

Es bueno aprender a exponer nuestra causa ante el Juez Justo por medio de la oración, en súplica. Pero también hay que aprender a dejar que Dios, el Juez, determine a quién le es más útil su situación. Déle gracias a Dios por su amor y por el maravilloso plan para su vida: "Porque yo sé los pensamientos que tengo acerca de vosotros, dice Jehová, pensamientos de paz, y no de mal, para daros el fin que esperáis" (Jer. 29:11).

Job ofreció una oración de arrepentimiento: A partir de una sencilla pero profunda oración de confianza: "Jehová dio, y Jehová quitó; sea el nombre de Jehová bendito" (Job 1:21), Job comenzó a recorrer una serie de oraciones de quejas y severos cuestionamientos. Con el tiempo, Dios se cansó. Hablando con Job desde un torbellino, Dios interrogó a Job y lo reprendió por su incapacidad de verdaderamente comprenderlo y confiar en su sabiduría (38:1—41:34).

Al final de la inquisición de Dios, Job regresó a su anterior y sencilla confianza en Dios. Mas ahora era una confianza basada en una mejor comprensión. En confesión y arrepentimiento, Job humildemente reconoció la grandeza de Dios y de su propia insolencia. Sumisamente aceptó su situación y renunció a su deseo de saber por qué. Oiga su arrepentimiento: "Yo hablaba lo que no entendía; cosas demasiado maravillosas para mí, que yo no comprendía... me aborrezco y me arrepiento en polvo y ceniza" (42:3, 6).

Fíjese que nada había cambiado para Job. Aún seguía cubierto de llagas. Seguía sin bienes ni familia. Dios no había cambiado nada... pero había transformado el corazón de su siervo Job y esa era la primera prioridad de Dios para él. Job se convirtió en un humilde siervo de Dios ¡Que aceptaba la voluntad de Dios sin quejas, ni preguntas ni ignorancia! (Y como comentario al margen: "Y bendijo Jehová el postrer estado de Job más que el primero". Le dio a Job siete hijos y tres hijas y salud para vivir 140 años y ver: "a sus hijos, y a los hijos de sus hijos, hasta la cuarta generación", 42:12-16.)

Una enseñanza para aprender acerca de la oración

¿Alguna vez ha hecho usted una declaración poco adecuada a una persona o acerca de otra persona solo porque no tenía la información completa? Desdichadamente, a menudo somos culpables de orar de manera poco adecuada a Dios y acerca de Dios porque ignoramos los hechos sobre Dios y de su voluntad.

No deje de leer la reprimenda de Dios por la ignorancia de Job como si fuera para usted (38:1–41:34). Luego, ofrezca su propia oración de arrepentimiento por cualquier pensamiento innoble que usted haya tenido de Dios o tiene ahora. Déle las gracias por su majestad y poder. Déle las gracias por su soberanía en su vida. Independientemente de lo usted que haga, no cuestione la sabiduría de Dios. Recuerde, Él no responde ante usted. ¡Usted responde ante Él!

El libro de Job, así como Job el hombre, nos ofrecen una mirada penetrante a la interacción entre Dios y Satanás. Nos ofrecen una mirada aleccionadora de cómo podemos juzgar mal el sufrimiento de otras personas. Nos ofrecen una mirada de humildad sobre la forma incorrecta en que nos dirigimos a nuestro poderoso y magnífico Dios. Y nos ofrecen una mirada privilegiada al reino celestial de Dios y su control sobre todas las cosas.

Al final, cuando Dios finalmente le habló a Job, Él no le dio a Job una respuesta a su pregunta de "por qué". Por el contrario, Dios le recalcó a Job que era mejor conocer a Dios que conocer respuestas. El sufrimiento de Job fue una prueba para reafirmar y perfeccionar su carácter... y otra oportunidad para Dios para glorificarse. Esto le da un nuevo matiz a nuestro sufrimiento, ¿no es verdad? ¿Quién no quisiera pulir su carácter y honrar a Dios?

Principios de oración de la vida de
Job

La oración ayuda a comprender mejor la mente de Dios.

Con seguridad usted ha tenido momentos en que se ha enojado o disgustado porque algo negativo le sucedió en la vida. Quería descargar sus frustraciones en otra persona y terminó descargándolas en Dios: "¿Dios, por qué? Preguntó usted. ¿Por qué a mí? ¿Qué fue lo que hice?"

En momentos como este, acudir a nuestro Padre celestial en oración y pedirle respuestas, dirección y sabiduría conduce a una mejor comprensión de la voluntad de Dios para su vida. Puede que usted no siempre entienda la razón de su sufrimiento o por qué es necesario, pero es de esperar que usted vea los resultados. Para Job uno de los resultados fue un corazón más humilde. ¿Qué quiere Dios transformar en vuestra vida y cómo está respondiendo usted a su mano amorosa?

La oración estimula el examen de conciencia.

En tiempos de tormento, en vez de preguntar: "Dios, ¿por qué me estás haciendo esto?", recuerde orar: "Señor, ¿qué me estás haciendo? ¿Qué me estás enseñando mientras yo sufro? ¿Hay algo que deseas de mí?" El examen sincero de su vida por medio de la oración le permite a usted unirse a los propósitos de Dios para su perfección espiritual (Stg. 1:4). El sufrimiento pone a prueba su carácter y usted debe agradecer el proceso de Dios para la formación del carácter.

Job oró sistemáticamente durante la época de su intenso sufrimiento y fue un hombre mejor después.

Usted está llamado a purificar su corazón (Stg. 4:8), por lo tanto, examine su conciencia. Y pida el escrutinio divino también. Abra su corazón a Dios y ore: "Escudríñame, oh Jehová, y pruébame; examina mis íntimos pensamientos y mi corazón" (Sal. 26:2). Dios dice que el resultado final del sufrimiento templado por la oración será una fe verdadera que, aunque: "se prueba con fuego, sea hallada en alabanza, gloria y honra cuando sea manifestado Jesucristo" (1 P. 1:7).

La oración reorienta su perspectiva.

¿Qué puede hacer usted cuando la vida se le derrumba? En vez de cuestionar o maldecir, ore. De la misma manera que cuando alza la mirada, la vista se reorienta, elevar oraciones a Dios reorienta la perspectiva. El acto de oración le da participación a Dios en su situación, en su sufrimiento. Cuando el techo se derrumbó en la vida de Job (de manera figurada y literalmente), Job inmediatamente acudió a Dios en oración y lo alabó. Él sabía cuál era el lugar correcto de orientación: ¡Dios!

La oración restaura las relaciones.

¿Ha descubierto que no puede sentirse enojado con alguien y orar por él o ella a la misma vez? Eso es porque la oración exige un corazón cariñoso y bondadoso. Cuando los amigos de Job se enteraron de su desgracia, fueron a criticarlo. Sin embargo, Job oró por sus amigos (Job 42:8-10).

Todo el mundo tiene relaciones problemáticas y personas difíciles con quien lidiar. Para algunos, es alguien en el trabajo, o un jefe. Para otros, es una persona bajo su mismo techo. Y para otros más, es una persona del pasado. La solución de Dios en todos los casos es la oración.

¿Está orando usted por los que lo han herido? ¿Los ha perdonado? ¡Nunca es fácil! Pero practicar de las enseñanzas de Jesús es el primer paso para restaurar las relaciones. Él dijo: "orad por los que os calumnian" (Lc. 6:28). De igual importancia es seguir el ejemplo de Jesús; Él oró por los que lo crucificaron: "Padre, perdónalos, porque no saben lo que hacen" (Lc. 23:34).

Capítulo 8

*J*eremías…
un hombre de extraordinaria determinación

Mas Jehová está conmigo como poderoso gigante; por tanto, los que me persiguen tropezarán, y no prevalecerán.
—JEREMÍAS 20:11

L a determinación se define como firmeza de propósito, entereza de espíritu. También es lo que ayuda a un hombre o a una mujer a soportar las cosas que están en su contra para lograr hazañas increíbles. Es la clase de resolución que ha caracterizado la vida y el ministerio de Joni Eareckson Tada.

Joni quedó paralítica del cuello para abajo en un accidente producto de una zambullida cuando era solo una adolescente. Podemos leer la historia de su batalla con la aceptación, la adaptación y la rehabilitación en su libro que ya es un clásico, *Joni.*[18] En cuanto Joni resolvió sus asuntos con Dios, decidió usar el "accidente" como una oportunidad para servir a Dios. ¿Pero cómo podía ella ser útil a Dios? Había quedado cuadripléjica. Los nervios que partían de su cerebro al resto del cuerpo habían sido dañados permanentemente. No podía usar ni los brazos ni las piernas.

Fue entonces que la gracia de Dios y la determinación de Joni, entereza de espíritu, entraron en función para ella. Con gran decisión, desde entonces Joni ha entrenado su mente y su cuerpo para servir al Señor. Cuando leemos sus libros o la escuchamos hablar, inmediatamente nos damos cuenta de la profundidad de su madurez espiritual y nos impresionamos con su capacidad de hablar completamente de memoria, citando numerosos pasajes de las Escrituras.

Pero para Joni, la determinación no se detuvo en el aspecto espiritual, a pesar de lo esencial que es. Con gran dificultad y años de fisioterapia, Joni ha adquirido la capacidad de ejecutar muchas tareas físicas de la vida diaria. También ha desarrollado un uso limitado de sus brazos y es capaz de dirigir su silla de ruedas. Sorprendentemente, Joni puede hasta manejar una camioneta especialmente equipada.

Hoy, Joni y su esposo, Ken, viajan por todo el mundo distribuyendo sillas de rueda a los necesitados, predicando el amor de Jesucristo y dando esperanza a los discapacitados y sus seres queridos. La determinación de Joni ayudó a convertir una tragedia en un triunfo que ha sido y espero que siga siendo, una inspiración para millones de personas.

La historia de Joni es verdaderamente motivadora. Lo que ella ha logrado a pesar de sus capacidades físicas limitadas nos debe inducir, a usted y a mí, a evaluar nuestra propia vida para ver qué pudiéramos lograr si fuéramos más decididos.

Firmeza de propósito

Nuestra lista de personas extraordinarias con vidas extraordinarias de oración sigue aumentando. Con cada nueva adición, vemos cada vez más el poder trasformador de la oración y las cualidades singulares que la oración puede activar dentro de nosotros.

Si usted y yo queremos aprender más sobre las extraordinarias oraciones de la Biblia, entonces hay que incluir a Jeremías y sus oraciones. Jeremías fue un profeta del Antiguo Testamento a quien Dios le dijo al inicio de su ministerio que el pueblo de Israel rechazaría su predicación (Jer. 7:27-29). Sin desanimarse, Jeremías continuó cumpliendo el propósito de Dios para su vida y su ministerio. Predicó el mensaje de Dios durante segmentos de cinco décadas, enfrentándose audazmente a los últimos cinco reyes de Israel y a su pueblo espiritualmente rebelde. Y a pesar de las amenazas de muerte, las privaciones físicas, las humillaciones y la resistencia a su mensaje, Jeremías predicó durante 40 años. ¡Eso sí es firmeza de propósito!

Aquí tengo que detenerme para hacer una confesión. Jeremías no estaba en la lista inicial de personas cuyas oraciones yo quería estudiar y comentarles a ustedes. El libro de Jeremías puede llegar a perderse entre la grandeza de Isaías y las fascinantes profecías de Ezequiel y Daniel. Jeremías, el hombre, tampoco se destaca como muchos otros grandes personajes de oración del Antiguo Testamento, hombres como Abraham, Moisés y Daniel, o mujeres como Ana y María.

Todas estas personas más conocidas y fascinantes parecían ser, a primera vista, más interesantes para estudiar que un hombre que ha sido descrito por muchas personas como: "El profeta llorón". Sus oraciones están manchadas de lágrimas de angustia por la rebelión espiritual tanto de los líderes como del pueblo y por la inminente invasión del ejército babilónico.

Pero espero que cuando examinemos más de cerca a este hombre extraordinario, usted, como yo, descubra en Jeremías a una persona que pronunció conmovedoras y sentidas oraciones llenas de enseñazas prácticas. Jeremías vio a su nación rebelarse contra Dios y sintió ira por ese pecado, pero su corazón lloraba con compasión por el pueblo mientras preveía el sufrimiento de su profetizado cautiverio.

La oración en la vida de Jeremías

La traición y la crueldad de su propio pueblo dieron lugar a muchas de las oraciones de Jeremías. Otras oraciones eran simplemente oraciones de compasión sincera. Un comentarista le hizo este tributo a Jeremías y a sus extraordinarias oraciones: "El temperamento de Jeremías, sus trágicas experiencias y su sensible naturaleza religiosa se combinan todos para infundir sus oraciones de una pasión y una familiaridad sin paralelo en ninguna otra parte".[19]

La oración de incapacidad de Jeremías: Cuando comenzamos a leer la autobiografía de Jeremías, de inmediato nos sentimos impresionados con su sinceridad. No muchas personas, incluyéndome a mí, desearían que el público leyera su primera oración en respuesta al llamado de Dios en su vida, especialmente si se valieron de su inexperiencia y edad como excusa para no querer servir a Dios. Jeremías oró: "¡Ah! ¡Ah, Señor Jehová! He aquí, no sé hablar, porque soy niño" (Jer. 1:6).

Sin embargo, como vimos en el caso de Moisés, Dios, el que llamaba a Jeremías a su servicio, estaba preparado y dispuesto a respaldarlo y otorgarle poderes para cumplir el llamado. Dios le dio a Jeremías esta seguridad: "No temas... porque contigo estoy para librarte... He aquí, he puesto mis palabras en tu boca" (vv. 8-9).

Descansando completamente en el Señor, Jeremías aceptó el llamado de Dios. A partir de ese momento, cumplió ese llamado al enfrentarse a una pecadora nación de líderes terrenales, falsos profetas y otras personas que querían matarlo.[20]

Una enseñanza para aprender acerca de la oración

En la primera oración documentada de Jeremías, este nos da una lección significativa: Dios conoce nuestros corazones. Él conoce nuestras preocupaciones y nuestros temores. Por lo tanto, igual que Jeremías, podemos ser sinceros con Dios. Jeremías no creía que él fuera la persona indicada para la tarea... y así lo dijo. Era joven; probablemente tenía entre 20 y 25 años de edad. También le señaló a Dios que tenía muy poca experiencia. Él era simplemente un hombre corriente de un pueblo pequeño.

¿Se identifica usted con él? ¿Dios le está pidiendo algo? ¿Y usted titubea por lo que usted considera que son limitaciones? ¿Teme usted como Jeremías? Exprese sus temores. Abra su corazón a Dios. Entonces, igual que Jeremías, deposite

su confianza en Dios para que Él lo guíe, calme
sus temores y use su poder transformador para
convertir vuestras limitaciones en posibilidades
ilimitadas.

La oración de preocupación de Jeremías: La esperanza
reinante de los israelitas en la época de Jeremías era que Dios
traería paz a su tierra. Estas esperanzas habían sido ofrecidas
por los falsos sacerdotes y profetas (6:13; 14:14). Pero Dios dio
una idea completamente diferente de lo que sucedería (2:1–4:9).
Como muchos otros profetas en el Antiguo Testamento, Jeremías
se horrorizó de las proféticas palabras de juicio de Dios. En su
confusión, Jeremías le preguntó a Dios: "¿Es paz o la espada?"
(4:10).

Al conocer las malas noticias, Jeremías sintió mucha pena por
el pueblo: "¡Mis entrañas, mis entrañas! Me duelen las fibras de
mi corazón" (v. 19).

Una enseñanza para aprender
acerca de la oración

Como profeta, Jeremías comprendía lo que Dios iba
a hacer con su pueblo y estaba sumamente preocupado. Estaba afligido por el juicio que se aproxi-
maba. Siglos después, el apóstol Pablo también se
sintió adolorido por los judíos y estaba dispuesto
(si fuere posible) a cambiar su propia alma por la
salvación de sus compatriotas (Ro. 9:1-3).

¿Cuáles son sus preocupaciones en sus oraciones? ¿El bienestar de su familia? ¿Su cartera de

acciones? ¿Su salud? ¿Su posición social? ¿O sus oraciones se centran en la salvación de amigos y parientes extraviados? ¿El regreso de un hijo descarriado? ¿El arrepentimiento de un hermano pecador empedernido?

Aprenda de Jeremías a orar. Desarrolle una mayor sensibilidad por la condición de los extraviados y descarriados. ¿Cómo puede usted hacer esto? Orando fielmente por ellos. La oración le llenará el corazón de compasión.

A Jeremías se le dijo que no orara: Sorprendentemente, tres veces le dijo Dios a su portavoz, Jeremías, que no orara.[21] Esto debe haber sido difícil para Jeremías. Él tenía una gran preocupación por el pueblo de Dios. Pero cada vez que Dios daba esta orden poco común, había una razón para ella: el pueblo se había rebelado aún más. Se iban hundiendo cada vez más en el pecado y su destino como nación idólatra se estaba escribiendo. Ellos optaron por no escuchar. Por lo tanto, en juicio, no podrían escuchar.

Una enseñanza para aprender acerca de la oración

Dios le dio la orden a Jeremías de no orar. Esto fue un decreto divino. El pueblo no quería arrepentirse y continuaron flagrantemente adorando a los ídolos. Por ende, ya se habían perdido las esperanzas con ellos.

Pero hermana o hermano que ora, Dios no nos

ha dado ni a ustedes ni a mí una orden semejante. Mire a su alrededor. ¿Qué ve? ¿Hombres y mujeres viviendo de manera flagrantes en su pecado? ¿Personas que parecen oponerse al evangelio? ¿Qué tiende usted a hacer? Quizás no quiera seguir insistiendo con ellos. Quizás hasta deje de orar por ellos. Pero estas personas son en realidad oportunidades de oración, proyectos de oración.

Dios no le pide que deje de insistir en las personas. No le pide que deje de orar por la salvación hasta del pecador más infame. Usted no sabe cómo Dios piensa obrar en cada vida, por lo tanto, ore fielmente por aquellas personas que necesitan al Salvador. ¡Nunca desista! Solo Dios sabe quién responderá al llamado del Espíritu.

Jeremías oró pidiendo orientación: El pueblo y sus líderes se habían negado persistentemente a permitir que Dios les diera orientación. Por lo tanto, vendría el juicio (Jer. 10:17-22). En cambio, Jeremías escuchó a Dios. Su oración pidiendo orientación fue en respuesta a otra serie de juicios de Dios. En esta oración, Jeremías cambió su preocupación por el pueblo por su propia necesidad de orientación de Dios. El pueblo ya había rechazado el ofrecimiento de Dios. Pero Jeremías comprendió que el hombre no es capaz de orientar sus propios pasos (v. 23). Por eso, le pidió a Dios que lo reprendiera y lo guiara en la dirección correcta. Le suplicó a Dios y oró: "Castígame… mas con juicio; no con tu furor, para que no me aniquiles" (v. 24).

Una enseñanza para aprender acerca de la oración

No tema orar por que Dios haga lo que sea necesario para corregirlo a usted. Jeremías comprendió el poder y el juicio de Dios y no quería tener nada que ver con el aplastante juicio de Dios. Su deseo era que Dios lo reprendiera con justicia piadosa y bondadosa si llegaba a desviarse del camino.

Dios le dará orientación si usted la pide. Y su reprimenda bondadosa es mejor que las consecuencias de vivir fuera de la voluntad de Dios. Entonces, ore y: "Fíate de Jehová... y no te apoyes en tu propia prudencia. Reconócelo en todos tus caminos" es el consejo de Proverbios 3:5-6 y si usted lo desea, Dios: "enderezará tus veredas".

Jeremías oró por justicia: Para sorpresa de Jeremías, las personas de su pueblo natal estaban conspirando para matarlo (Jer. 11:18-23). Estaban enfurecidos por sus repetidas predicciones de destrucción. ¿Qué hizo Jeremías? Oró. Le pidió a Dios que juzgara justamente y llevara justicia a sus corazones asesinos (v. 20). Dios respondió a la oración de Jeremías con: "He aquí que yo los castigaré".

Animado por la respuesta de Dios, Jeremías de nuevo oró por justicia, pero esta vez amplió la oración al hacer la pregunta que muchos de nosotros hemos hecho a menudo: "¿Por qué es prosperado el camino de los impíos?" (12:1) Jeremías era consciente de la justeza y la justicia de Dios. Él sabía que, al final, la justicia de Dios prevalecería. Pero estaba impaciente. Él quería justicia ¡ya!

El profeta de Dios y la nación de Israel estaban metidos en enormes dificultades. Frustrado, Jeremías quería que las cosas volvieran a la normalidad. Culpó a los impíos por contribuir a su peligrosa situación y el grave estado de la tierra. Quería que Dios se encargara de ellos.

Una enseñanza para aprender acerca de la oración

Es natural que queramos que se juegue limpio, justicia para los que se aprovechan de los demás. Igual que Jeremías, puede que usted desee que los impíos se lleven su merecido. Y ha orado para que Dios actúe rápido (¡O más bien, que actúe de acuerdo con nuestra agenda!). Pero igual que en el caso de Jeremías, Dios no siempre responde tan rápidamente como quisiéramos. Es más, a veces parece como si nunca fuera a responder.

Pero sabemos que Dios finalmente responde. Los justos serán vindicados y los impíos serán juzgados. Así son las cosas con Dios.

La próxima vez que usted se sienta tentado a orar por justicia, recuerde los muchos problemas que tendría si le dieran lo que realmente usted se merece. Déle gracias a Dios por su misericordia dada a usted mediante Jesucristo. Luego, ruegue por la misericordia de Dios para con los impíos mientras aún haya tiempo para que ellos se arrepientan. Con seguridad llegará la hora en que la misericordia de Dios se convierta en ira.

Jeremías oró por alivio: Dentro de la oración de justicia de Jeremías, vemos al profeta compararse con los impíos. En esencia, Jeremías oró: "Dios, tú me conoces. Conoces mi corazón. Tú sabes que yo no soy como esas personas que hablan de ti con la boca, pero te tienen lejos de su mente" (vea 12:2). El profeta le preguntó a Dios, en palabras de nuestros días: "Dios, ¿puedes aflojar un poco?" Apeló a Dios para que le diera un poco de alivio.

Dios no respondió a la pregunta de Jeremías sobre los impíos. Pero sí respondió la sugerencia que le hizo Jeremías pidiéndole alivio de la persecución al plantearle un reto. De hecho, Dios dijo: "Si tú crees que lo que estás sintiendo es malo y tienes deseos de dejar de ser profeta, ¿qué harás cuando la batalla arrecie? ¿Cómo te enfrentarás al rey, sus líderes, sus sacerdotes y los 'caballos'?" (vea el v. 5).[22]

Una enseñanza para aprender acerca de la oración

Si alguna vez ha sufrido la pérdida de un ser querido o se está enfrentando a una grave enfermedad, sabe que la respuesta de Dios a sus oraciones no son siempre lo que usted desea o espera. A veces, las respuestas de Dios son difíciles de entender. Usted ora pidiendo alivio pero por el contrario, la situación empeora.

¿Los acontecimientos negativos debieran cambiar su compromiso de orar y de seguir apelando a Dios? No. Dios no promete mantenerlo alejado de las dificultades de la vida. Pero sí promete respaldarlo cuando sucedan. Entonces, aunque las cosas se pongan difíciles y no hay alivio a la vista, puede alabar a Dios junto con David: "Aunque ande en valle de sombra de muerte, no temeré mal alguno, porque tú estarás conmigo" (Sal. 23:4).

Jeremías oró estando en duda: Estando Jeremías en prisión y Jerusalén sitiada, Dios le dijo a Jeremías que comprara una heredad en su pueblo natal (Jer. 32:1-15). Después, Jeremías sintió el: "Remordimiento del comprador". ¡Este debía ser el peor negocio de todos los tiempos! Jeremías se preguntó: ¿Habré hecho bien? ¿Habré entendido mal las indicaciones de Dios? El enemigo estaba ya listo para asaltar los muros y la ciudad estaba a punto de ser destruida. Jeremías no entendía por qué Dios hizo que comprara la heredad en ese momento. Dudaba si había obrado correctamente. Por tanto, Jeremías le planteó sus dudas al Señor en oración.

La duda no es un pecado. Pero puede conducir al pecado si socava nuestra confianza en Dios. La duda hizo que el estado de ánimo de Jeremías fuera de inquietud y desconcierto. Pero Jeremías tuvo la respuesta adecuada. Oró y llevó sus dudas a Dios. Y Dios respondió dándole seguridad. Jeremías había obrado bien aunque no podía entender la razón de ello. Dios respondió: "¿Habrá algo que sea difícil para mí?" (v. 27). Dios continuó diciendo que un día la tierra sería habitada otra vez y los campos se cultivarían de nuevo (vv. 42-44). La fe de Jeremías le sería devuelta en su propia obediencia y su confianza en la promesa de Dios de restaurar el pueblo a la tierra.

Una enseñanza para aprender acerca de la oración

La mente que titubea es una mente que no está totalmente convencida de que el camino de Dios es el mejor camino. La duda trata la Palabra de Dios como un consejo humano. La duda nos permite retener la opción de desobedecer. Pero debemos ver la duda como un recordatorio de nuestra necesidad de orar.

Pídale a Dios que disipe sus temores y preocupaciones. Y pregúntese con sinceridad por qué está dudando. ¿Es porque no cree que pueda confiar en Dios? ¿O es porque no quiere confiar en Dios? Cuando usted dude, recuerde que nada es difícil para Dios.

A los ojos del mundo, Jeremías fue un fracasado. Fue rechazado por sus vecinos, su familia, los líderes religiosos de la época, sus amigos, las masas del pueblo y cuatro de los cinco reyes que oyeron su mensaje.[23] Pero a los ojos de Dios, Jeremías fue una de las personas de más éxito de toda la historia. Y usted se preguntará cómo es eso.

El éxito, a los ojos de Dios, significa obediencia y fidelidad. Independientemente del costo, Jeremías estaba decidido a cumplir el llamado de Dios para su vida. ¿Quiere usted tener éxito a los ojos de Dios? Entonces, con la fortaleza que solo Dios puede brindar, resuelva librar la buena batalla de la fe, terminar la carrera, mantener la fe, cueste lo que cueste.

Principios de oración de la vida de
Jeremías

 **La oración es su respuesta a la obra de Dios.**

Dios está constantemente ocupado en la historia, en nuestra vida y en la vida de las personas que nos rodean. Ver cómo Dios trabaja en el mundo debe tener un efecto espiritual profundo sobre usted. Igual que Jeremías, debe alentarlo a orar.

¿Qué clase de respuesta espiritual está usted dando a los sucesos de su vida? ¿Los considera casualidad? ¿Suerte? ¿Los ve con indiferencia? ¿O considera esos sucesos como Dios trabajando? Por medio de la oración, opte por incorporarse a lo que Dios está haciendo y conviértase en su colaborador.

La oración fortalece la relación con Dios.

La relación con Dios es la relación más importante, sin excepción. Pero cultivar esa relación exige que usted pase tiempo con Él en oración y en su Palabra. Jeremías pasó 40 años batallando contra la apatía espiritual de los israelitas. Fue odiado y excluido, pero nunca estuvo solo. Tuvo una estrecha y reconfortante relación con Dios. Fue esta estrecha relación y compañerismo invaluables que lo ayudó a superar una vida increíblemente difícil.

¿Se siente usted solo o incomprendido por la familia o los amigos a causa de sus creencias? Usted no está solo. Dios está siempre presente. ¿Por qué no dedica tiempo a fortalecer su relación con Él en oración hoy? A veces, esa relación puede ser lo único que usted tenga. ¡Pero será lo único que usted necesite!

La oración no garantiza una respuesta positiva.

El hecho de que usted ore no significa que obtendrá por lo que usted ora. La oración por sí misma no tiene garantías. No es una varita mágica que se pueda agitar para recibir todos sus deseos.

Suceda lo que suceda en su vida, usted tiene el gran privilegio de poder orar al creador y sustentador de la vida. Es la tarea de Dios responder según su voluntad. Y hay ciertas verdades que usted puede conocer con seguridad: Dios ha prometido suplir todas sus necesidades (Fil. 4:19), ha prometido su presencia (Jos. 1:9) y ha prometido su orientación y su fortaleza (Pr. 3:5-6; Fil. 4:13).

Jeremías oró por el avivamiento, la liberación y el alivio; todas cosas buenas. Pero ninguna de esas peticiones fue respondida afirmativamente. Dios tenía otros planes. Estaba disciplinando a sus hijos. Dios traería el avivamiento, la liberación y el alivio pero no en vida de Jeremías. No obstante, Jeremías oró... y usted también debe orar, aunque no vea resultados positivos.

La oración le permite revelar sus pensamientos más íntimos.

Cuando usted está en presencia del Dios santo, sus pensamientos no deben centrarse en omitir nada, sino en exponer la vida a los ojos de Dios que todo lo ve. Jeremías reconoció la capacidad de Dios de ver en su corazón: "Pero tú, oh Jehová, me conoces; me viste, y probaste mi corazón para contigo" (Jer. 12:3). Por lo tanto, Jeremías podía ser sincero con Dios con respecto a sus sentimientos. Se sintió abrumado por el dolor en varias ocasiones debido a lo que le ocurriría a la nación de Israel. Sus sentimientos se apoderaron de él y se deprimió y desanimó.

Sea sincero con Dios. Exprese sus sentimientos. Entréguese a su cuidado. E igual que Jeremías, esté preparado para recibir la reprimenda de Dios si su actitud necesita cambiar (10:23-24).

La oración fomenta el avivamiento espiritual.

Todo gran avivamiento en la historia de la iglesia comenzó con oración. Un ejemplo fue en el aposento alto donde los discípulos oraban, el Espíritu se apareció y los discípulos salieron a predicar audazmente sobre el Salvador resucitado. Otro ejemplo son los grandes movimientos estudiantiles del siglo XIX cuando los estudiantes universitarios oraron y el Espíritu les confirió el poder a cientos de ellos para ir a los confines de la tierra a proclamar a Jesucristo.

Amigo, la oración es el denominador común del avivamiento. Cuando se trata de su propio avivamiento en particular, la oración abre su corazón al poder transformador del Espíritu en su vida. En muchas ocasiones, Jeremías se sintió abatido y derrotado. Pero en esas ocasiones en que estaba más deprimido que nunca, oraba y Dios le daba energías a su alma y transformaba su tímido corazón en un corazón de encendida determinación.

La oración fortalece la determinación.

Es fácil desanimarse, ¿no es verdad? Todo el mundo le dice lo que no puede hacer. Que usted no tiene los estudios, la capacidad física o mental. Parece que no hay nadie que lo quiera animar... o eso es lo que usted piensa. Pero Dios está ahí. Y en la oración: "esforzaos todos vosotros los que esperáis en Jehová, y tome aliento vuestro corazón" (Sal. 31:24).

Es en tiempos de desaliento que la oración ayuda a reavivar los deseos y las motivaciones. De nuevo se ven las cosas desde el punto de vista de Dios. En la oración, la determinación se fortalece y la resolución se fortifica mientras respondemos la pregunta que Dios le hizo a Jeremías: "¿Habrá algo que sea difícil para mí?" Y en la fortaleza y el poder del Espíritu Santo, nos levantamos del piso. Con renovada confianza, de nuevo entramos en la batalla que hace unos minutos era demasiado dura para nosotros. ¡Ese es el poder transformador de la oración!

$\mathcal{D}$aniel...
un hombre de
extraordinaria integridad

Daniel... se arrodillaba tres veces al día, y oraba y daba
gracias delante de su Dios, como lo solía hacer antes.
—DANIEL 6:10

Recientemente, fui invitado a la casa de un pastor. Durante la visita, no pude evitar observar un inmenso librero desde el piso hasta el techo que había en la sala, dedicado a libros sobre la Guerra Civil. Muchos de esos libros eran sobre el "Zorro Gris", Robert E. Lee. Como yo también soy aficionado a la Guerra Civil, le pregunté al pastor si había leído cierto libro acerca de Lee y su capacidad de mando. Inmediatamente me señaló dicho libro, que ocupaba un lugar destacado en los estantes. Me comentó cuánto disfrutaba hablarle a grupos de hombres sobre: "Lee, el cristiano".

Como tantas personas que leen y escriben sobre la vida de esta singular persona, el consenso siempre es que Robert E. Lee era un hombre íntegro. Aun antes de que los estados sureños se retiraran formalmente de la Unión, la capacidad militar y el carácter de Lee eran tan conocidos y admirados, que el presidente Lincoln le pidió que asumiera el mando del ejército de la Unión. Sin embargo, Lee rechazó la oferta del Presidente y dirigió acertadamente a los hombres del sur, casi ganando la guerra con sus estrategias militares. Disipado finalmente el humo de la batalla al final de la contienda, un hombre se había ganado la admiración y el respeto profundo de los jefes y soldados de ambos bandos. Ese hombre fue Robert E. Lee.

Vivir una vida de integridad

Daniel, el profeta y estadista del Antiguo Testamento, también llevó una vida de integridad. Y eso dice mucho. ¿Por qué? Porque Daniel vivió mucho tiempo. Vivió y sirvió desde el reinado del rey Joacim en Judá durante los 70 años de cautiverio del pueblo de Dios por los babilonios incluyendo los reinados de Ciro y de Darío, dos gobernantes del Imperio Medopersa. Así, el servicio de Daniel a Dios duró más de 80 años. Y durante todos esos años y durante todas aquellas sociedades paganas, Daniel constantemente dio muestras de una vida de integridad.

En la Biblia, vemos cómo la integridad de Daniel es ratificada en tres ocasiones diferentes y por tres fuentes.

La primera fuente fueron sus enemigos: "Entonces los gobernadores y sátrapas buscaban ocasión para acusar a Daniel en lo relacionado al reino; mas no podían hallar ocasión alguna o falta, porque él era fiel, y ningún vicio ni falta fue hallado en él" (Dn. 6:4).

La segunda fuente fueron los mensajeros celestiales. En una de las visiones proféticas que Daniel tuvo, el poderoso Gabriel le dijo a Daniel: "tú eres muy amado (9:23). Luego en otra visión, otro ángel se dirigió a él dos veces como: "Daniel, varón muy amado" (10:11, 19).

La tercera fuente fue Dios mismo hablando por medio del profeta Ezequiel. Dios estaba dictando sentencia sobre su pueblo infiel y dio este testimonio del carácter de Daniel: "si estuviesen en medio de [la tierra de Israel], estos tres varones, Noé, Daniel y Job, ellos por su justicia librarían únicamente sus propias vidas" (Ez. 14:14).

Esta fue una increíble confirmación ya que Dios eligió a Daniel para que ocupara un lugar al lado de hombres como Noé y Job. Y fue particularmente importante que viniera por medio de Ezequiel. ¿Por qué? Porque Ezequiel fue un coetáneo que vivió en el mismo país que Daniel. Fue compañero en el exilio a la misma vez que Daniel y debió haber conocido sobre el carácter de Daniel porque este era una figura pública.

Luego, ¿cómo era posible llevar una vida de integridad hace unos 2.500 años en medio de la decadencia espiritual y moral? Y más importante para nosotros, ¿cómo es posible vivir con integridad hoy día? ¿Cómo puede cualquiera, hombre o mujer, llevar una vida de honradez consecuente y rectitud moral cuando, igual que Daniel, vivimos en una sociedad totalmente pagana?

Para responder esas preguntas, debemos remitirnos a la autobiografía de Daniel en el libro de la Biblia que lleva su nombre. Al hacerlo, no podemos evitar detectar, desde el primer capítulo, que la oración fue una parte fundamental del secreto de Daniel para llevar una vida de santidad e integridad. Descubrimos que Daniel fue en primerísimo lugar un hombre de oración.

La oración en la vida de Daniel

Con frecuencia he oído decir que el pecado lo aleja a uno de la oración o la oración lo aleja a uno del pecado. Esto parece haber sido cierto con respecto a la vida de integridad de Daniel. La oración desempeñó una importante función en su transformación en un hombre con una vida intachable.

Daniel oraba sistemáticamente: Desde que Daniel era un joven de 16 o 17 años, él y tres amigos exiliados, Sadrac, Mesac y Abed-nego, eran devotos en cuanto a su práctica religiosa, que incluía orar sistemáticamente. Ellos consideraban a Dios como su único protector y oraron para salvar sus vidas de la ira del rey Nabucodonosor.

Entonces, 65 años y dos imperios después, Daniel se encontró dentro de un foso lleno de leones hambrientos. La vida de Daniel peligraba debido a su costumbre de arrodillarse tres veces al día delante de una ventana abierta a orar (Dn. 6:10). ¡Fue condenado a muerte porque oraba!

Luego, en el ocaso de su vida, cuando tenía unos 82 años, Daniel leyó un manuscrito del profeta Jeremías que predecía que los judíos estarían en cautiverio durante 70 años. Por el cálculo de Daniel, los 70 años ya estaban por terminar. Pero como estadista mundial, no vio ninguna indicación que sugiriera que el regreso a Jerusalén estaba a punto de ocurrir. Por lo tanto, Daniel hizo lo que siempre había hecho: Humildemente se presentó ante Dios con un sentido ruego, pidiéndole que obrara a favor del regreso de los judíos a su patria (9:1-19).

Una enseñanza para aprender acerca de la oración

La integridad es difícil de conseguir. Y la oración sistemática es un elemento esencial para desarrollar y mantener, una vida de integridad. Como adolescente en un país extraño, hubiera sido fácil para Daniel ajustarse a las normas y costumbres de su nuevo país, esencialmente teniendo en cuenta que podía perder la vida si desafiaba los edictos del rey. Además, ¿quién lo sabría o a quién le importaría?

Pero la inquebrantable dedicación a Dios, nutrida por la oración sistemática, había sostenido y fortalecido a Daniel para resistir cabalmente las tentaciones del mundo. Y esta costumbre y resistencia perduró durante los reinados de tres diferentes imperios paganos.

¿Forma la oración una parte habitual en su vida? ¿Se resiste fielmente a las tentaciones de la sociedad? ¿O hace pequeñas o hasta grandes concesiones en cuanto a las normas de su cultura? La vida de Daniel ilustra la relación entre la vida de oración y la vida pública. Si actualmente usted ora regularmente, su determinación a favor de Dios y sus normas se fortalecerán aún más. Pero si la oración no constituye una costumbre para usted, no espere más para comenzar a desarrollarla. Este mundo necesita más Danieles, hombres y mujeres de oración sistemática, hombres y mujeres de extraordinaria integridad.

Daniel oraba ante una emergencia: Hay demasiadas personas que esperan a que la crisis llegue para empezar a orar. Puesto que la vida de Daniel se caracterizó por la oración sistemática, estaba preparado para actuar con confianza ante una crisis. ¿Cómo reaccionaría usted si usted abriera la puerta de su casa y se encontrara con los verdugos del rey que habían ido a matarlo sin motivo aparente? Eso fue lo que le sucedió a Daniel (2:14-15).

Armado con la fortaleza y la sabiduría de Dios, este joven le pidió al rey que le diera tiempo para comprender e interpretar un sueño que había perturbado tanto al rey que había ordenado la muerte de todos los sabios, incluyendo a Daniel. ¿Cómo podía Daniel confiar en que Dios le revelaría los secretos del sueño del rey Nabucodonosor? Solo la persona que tenga una estrecha relación con Dios mediante la oración podría estar preparada para hacer esta clase de afirmación en medio de una crisis tan extrema.

Una enseñanza para aprender acerca de la oración

A las oraciones de emergencia a veces se les llama: "Oraciones de trinchera". Una oración de trinchera es una oración única dicha por un soldado o por cualquiera en medio de una batalla o de cualquier situación amenazante para la vida cuando piensan que están a punto de morir. En su desesperación, como último recurso, oran. Hacen toda clase de promesas a Dios, negocian con Él y esperan que sus promesas muevan a Dios a salvarles la vida.

Decididamente, la oración de Daniel no fue una

oración de trinchera dicha de manera excepcional. Su oración no fue resultado de una crisis. No, fue una oración en respuesta a una crisis. Fue el resultado de la costumbre de orar sistemáticamente.

Por lo tanto, Daniel estaba tranquilo en medio de una situación de vida o muerte y reunió a tres jóvenes amigos para que oraran con él: "para que pidiesen misericordias del Dios del cielo sobre este misterio, a fin de que Daniel y sus compañeros no pereciesen con los otros sabios de Babilonia" (Dn. 2:18).

Permita que Daniel sea su tutor de oración. Empiece a orar hoy para que cuando llegue la crisis o la desgracia mañana, usted pueda enfrentarlo con fortaleza y valor. Cualquier noticia no deseada se convierte en una ocasión más para ejercitar el privilegio de ir confiadamente, por medio de la oración, al trono de la gracia de Dios.

Daniel era un hombre de oración rigurosa: Daniel sabía cómo orar y por qué cosa orar. En medio de la crisis provocada por el sueño del rey, Daniel no oró de manera general. Oró de forma específica, oró con precisión y oró con seriedad. Hizo dos peticiones: Que Dios revelara el secreto del sueño del rey y que Dios preservara y protegiera a Daniel y sus tres amigos. Dios nos dice que "sean conocidas vuestras peticiones delante de Dios en toda oración y ruego" (Fil. 4:6) ya sea en momentos de crisis o no.

La oración no es meramente darle información a Dios sobre

las necesidades que usted tenga. Usted no tiene que: "Darle una pista" sobre lo que está sucediendo. No: "vuestro Padre sabe de qué cosas tenéis necesidad, antes que vosotros le pidáis" (Mt. 6:8). Ni tampoco tiene que persuadir a Dios que lo oiga. No es necesario sonsacarlo o inducir su amor por usted. Él siempre está disponible y siempre está con usted. Pero su deseo es que, aun así, usted haga lo siguiente: "Pedid, y se os dará; buscad, y hallaréis; llamad, y se os abrirá. Porque todo aquel que pide, recibe; y el que busca, halla; y al que llama, se le abrirá (Mt. 7:7-8).

Una enseñanza para aprender acerca de la oración

Dios quiere que usted ore por necesidades específicas. ¿Por qué orar de manera específica? Porque el Padre se deleita dándole a sus hijos: "Buenas dádivas" específicas (v. 11). También está el recibir buenas dádivas. Cuando usted ora de manera específica y Dios responde, usted recibe confirmación de que Dios conoce en realidad sus necesidades y que cumplirá su promesa de satisfacerlas.

Otra enseñanza de Daniel: Porque Dios conoce todas las necesidades que usted tiene, no es necesario orar con: "vanas repeticiones" (6:7). Igual que Daniel y sus tres amigos, haga sus oraciones breves y específicas. Entonces espere la respuesta específica de Dios.

Daniel oró por su pueblo: La oración que Daniel dijo en Daniel 9:1-19 fue ofrecida a Dios porque él pensó que se acercaba el momento del regreso de los judíos a Jerusalén. Había leído las predicciones del regreso del pueblo de Dios, pero no veía el modo en que eso pudiera concretarse. La libertad no parecía estar cerca. Daniel estaba preocupado de que quizás, el pueblo, e incluso él, aún estuvieran en pecado y que, por alguna razón, Dios hubiera pospuesto el regreso de los judíos a la patria. Confundido, perplejo y preocupado, Daniel oró. Y en respuesta, Dios no solo le dio a Daniel una iluminada visión de Israel y el futuro de Israel (vv. 20-27), sino que también le dio a Daniel una visión del futuro de todas las naciones hasta el tiempo del fin (12:1-3).

Una enseñanza para aprender acerca de la oración

A medida que estudiamos los extraordinarios hombres y mujeres de la Biblia que oraban, vemos cómo repetidamente la intercesión es una parte importante y continuada de sus vidas y contribuciones al pueblo de Dios. Cuando cada uno de esos extraordinarios hombres y mujeres de Dios fueron fielmente a Dios en busca de su orientación, Dios colocó su corazón de amor e interés por otras personas en el corazón de cada uno de ellos.

La oración de Daniel para el pueblo de Israel no fue una excepción. Su propia devoción le había dado un corazón que estaba extremadamente angustiado por sus compatriotas judíos y su exilio. ¡Qué gran enseñanza nos da Daniel sobre la oración de intercesión! Orar por los demás no debe verse como una obligación, sino como una oportunidad

de orar y ver cómo la mano de Dios se mueve a
favor de otras personas necesitadas de ayuda. Esto
nos debe motivar a ser más consecuentes en la
intercesión y pedirle a Dios que nos dé una carga
mayor por las personas que nos rodean.

Daniel oró con la actitud correcta: La actitud que usted
adopte es sumamente importante. El "cómo" de la oración es
más importante que el "qué". La oración verdadera es asunto
del corazón, no de las palabras. Las palabras que decimos en la
oración son solo el fruto externo de lo que ya Dios ve por dentro.

Hemos visto la actitud correcta a lo largo de este libro en las
extraordinarias oraciones de extraordinarias personas que las
ofrecieron. Y ahora volvemos a ver la actitud correcta cuando
Daniel ofrece una de las más grandes oraciones registradas en
toda la Biblia (Dn. 9). Aunque dijo bellas palabras, lo realmente
importante fue su actitud:

- Daniel sintió la necesidad de orar a Dios: Angustiado por
  sus compatriotas, Daniel se propuso volver su: "rostro a
  Dios" (v. 3).
- Daniel hizo preparativos para orar ante Dios: Ayunó antes de
  acercarse a Dios con sus preocupaciones. Luego, vestido de
  cilicio y con cenizas esparcidas sobre su cabeza, oró (v. 3).
- Daniel se presentó ante Dios con humildad de corazón:
  Los tres elementos de ayuno, cilicio y cenizas indicaban
  un corazón contrito.[24]
- Daniel fue al Señor con el corazón agradecido: Expresó
  las gracias con estas palabras: "Ahora, Señor, Dios grande,

digno de ser temido, que guardas el pacto y la misericordia con los que te aman y guardan tus mandamientos" (v. 4).

* Daniel fue con el corazón penitente: Cuando Daniel comenzó a orar, hizo confesión no solo por los exiliados judíos, sino por sí mismo: "Hemos pecado, hemos cometido iniquidad, hemos hecho impíamente, y hemos sido rebeldes" (v. 5).

Una enseñanza para aprender acerca de la oración

Si existió algún judío en la época de Daniel que no necesitaba confesar una multitud de pecados, ese fue Daniel. Dios declaró que él era justo (Ez. 14:14). Sin embargo, Daniel confesó su pecaminosidad y su necesidad de recibir el perdón de Dios junto con sus compatriotas. Daniel oró con franqueza y total entrega a Dios y con una actitud de humildad.

Cuando usted ora, ¿cuál es su actitud? ¿Examina usted su corazón y confiesa su pecado, o tiende a culpar a otros por sus acciones? ¿Se presenta ante Dios exigiendo esto y lo otro? ¿Ora usted abierta y sinceramente? La próxima vez que usted ore, deténgase y prepárese. Ponga cuidado en hablarle a Dios con la actitud correcta. Entonces esté listo para recibir la respuesta de Dios. Esa fue la experiencia de Daniel: "Aún estaba hablando y orando, y confesando mi pecado y el pecado de mi pueblo... cuando el varón Gabriel... vino a mí" y dijo: "he salido para darte" una respuesta (Dn. 9:20-23).

La respuesta de Dios a las humildes oraciones
que usted ofrece probablemente no entraña hechos
mayores como los relacionados con Daniel e Israel,
¡pero serán igualmente dramáticos!

Daniel mantuvo el honor del verdadero Dios: Los paganos en los tiempos de Daniel evaluaban a los dioses extranjeros según la prosperidad del pueblo que adoraba a esa deidad y por las victorias obtenidas por sus ejércitos. Debido a esto, para los babilonios y los medo-persas, el Dios de Judá, el verdadero Dios, no estaba a la altura de aquellos otros dioses. Sus deidades paganas parecían ser más fuertes.

Dios usó a Daniel, al menos con los reyes de los imperios babilónico y medo-persa, para cambiar, en parte, la valoración que tenían del Dios de Israel. Daniel influyó de dos maneras: Debido a su integridad y sabiduría, ocupó altos cargos dentro de los gobiernos de esos dos imperios. Mientras ocupaba esos puestos de autoridad, los reyes y gobernantes pudieron ver la fortaleza de carácter, el poder, la sabiduría, la dignidad y la preocupación personal de un hombre que adoraba al Dios de Israel.

Entonces, debido a su carácter justo, Dios usó a Daniel para interpretar dos sueños de Nabucodonosor (2:24-45; 4:1-26) y leerle a Belsasar la misteriosa escritura en la pared del palacio (5:13-30), además, Daniel sobrevivió a la orden de Darío de que fuera echado en el foso de los leones (6:18-22). Estas intervenciones sobrenaturales obligaron al menos a dos gobernantes paganos a adorar a Dios. Oigan su alabanza:

- Nabucodonosor: "Ciertamente el Dios vuestro es Dios de

dioses, y Señor de los reyes, y el que revela los misterios" (2:47).

- Nabucodonosor otra vez: "Conviene que yo declare las señales y milagros que el Dios Altísimo ha hecho conmigo. ¡Cuán grandes son sus señales, y cuán potentes sus maravillas! Su reino, reino sempiterno, y su señorío de generación en generación" (4:2-3).

- Darío: "él es el Dios viviente y permanece por todos los siglos, y su reino no será jamás destruido, y su dominio perdurará hasta el fin" (6:26).

Una enseñanza para aprender acerca de la oración

En muchos sentidos, ni usted ni yo somos diferentes de Daniel. Vivimos en una sociedad pagana. Las personas ricas, famosas y poderosas que nos rodean consideran a nuestro Dios impotente o hasta inexistente. Como en el caso de Daniel, Dios pondrá de su parte. Pero igual que Daniel, usted y yo debemos poner de nuestra parte también. Debemos esforzarnos en destacarnos en cualquiera que sea la misión, profesión o posición en la vida que Dios nos ha dado. Y sin duda, debemos esforzarnos en vivir una vida santa, una vida que honre a Dios.

Tome una página de la vida de Daniel y conviértase en un hombre o una mujer de oración. Después asegúrese de que: "Si, pues, coméis o bebéis, o hacéis otra cosa, hacedlo todo para la

> gloria de Dios" (1 Co. 10:31). Estas medidas, la
> oración y su conducta, sin duda lo prepararán para
> recorrer el camino de honrar a Dios todos los días
> de su vida.

A pesar de haber sido separado de su hogar y su familla y de haber sido deportado a una tierra extranjera, Daniel se mantuvo firme en su fe a Dios. Con la ayuda de Dios y el poder transformador de la oración, llevó su vida y sus asuntos con impecable integridad. Daniel fielmente oró y buscó la ayuda y la protección de Dios a lo largo de toda su vida. Y Dios satisfizo las oraciones de Daniel; no solo lo protegió a él y a sus tres amigos y colaboradores especiales, sino que también permitió que Daniel viera su mano soberana en acción en la vida de reyes, naciones e individuos.

No importa la edad que usted tenga o la etapa de la vida en que esté, Daniel es un modelo para usted. Su fe y su confianza en Dios eran constantes, aun en medio de y a pesar de, un mundo inconstante y pagano. Seguir los pasos de Daniel en el mundo pecaminoso en que usted vive le permitirá acrecentar su vida de integridad personal y piadosa.

Principios de oración de la vida de
Daniel

La oración da como resultado una visión inspirada.

Sin la oración, la vida espiritual disminuye. La visión se nubla y hasta se dejan de ver las soluciones espirituales. Rápidamente, uno se desalienta y se siente derrotado. Los problemas parecen montañas demasiado altas de vencer. Pero por medio de la oración, uno comienza a recobrar o aguzar la visión espiritual. Uno empieza a ver las cosas a través de otros ojos, a través de los ojos de Dios. Lo que antes parecía imposible, parecerá posible cuando oramos.

Daniel fue un hombre extraordinario, pero a veces, también él necesitaba aguzar la visión. A medida que oraba, Dios le abría los ojos espirituales al futuro. ¿Se enfrenta usted hoy a una situación imposible? ¿Los obstáculos a los que se enfrenta parecen insuperables? Mediante la oración, permita que Dios le abra sus ojos espirituales al gran y maravilloso plan que Él tienen para usted.

La oración garantiza una audiencia inmediata con Dios.

No es necesario pedirle una audiencia a Dios. Lo único que hay que hacer es abrir el corazón y orar. Igual que Daniel, inmediatamente usted será acompañado al salón del trono del: "Dios del cielo". Usted podrá hablar directamente con quien lo ama, protege y desea proveer todas sus necesidades. Tienen que darle las gracias al Señor Jesucristo por hacer posible este acceso inmediato a Dios.

La oración da como resultado una sabiduría inspirada.

Cuando usted hace comunión con Dios por medio de la oración y estudia su palabra, no solo recibirá una profunda percepción espiritual, sino la sabiduría para continuar con esa percepción. Pero si le falta comprensión o esta es imprecisa, lo único que deberá hacer es pedir sabiduría: "Y si alguno de vosotros tiene falta de sabiduría, pídala a Dios, el cual da a todos abundantemente y sin reproche, y le será dada" (Stg. 1:5).

No importa si conocemos bien a Dios o el tiempo que llevamos caminado con Él y que lo hemos servido, o cuánto hemos experimentado con Él, fácilmente podemos sentirnos desconcertados. Eso fue lo que le sucedió al piadoso y fiel Daniel a los 84 años cuando recibió otra angustiante visión profética de Dios. Y descubrió, una vez más, que la oración da como resultado una sabiduría inspirada. Siempre necesitaremos la sabiduría de Dios para comprender las cosas de Dios.

La oración nos provee de la fortaleza necesaria.

Cuando la fortaleza para manejar un problema o una desgracia se le ha debilitado y la vitalidad física y emocional se le ha agotado, ore. Lo que renueva la fortaleza es servir a Dios por medio de la oración. Mediante la oración: "levantarán alas como las águilas" (Is. 40:31). Usted cambia su cansancio por la fortaleza de Dios. Usted siente la mano potenciadora de Dios. El Espíritu de Dios lo toca y lo renueva. Es como si Dios dijera: "la paz sea contigo; esfuérzate y aliéntate" (Dn.

10:19). Entonces podrá levantarse después de orar y con renovado vigor, enfrentarse a los problemas. Como Daniel le dijo a Dios: "me has fortalecido" (v. 19).

La oración aleja el miedo.

¿Cómo pudo Daniel enfrentarse a una prueba tras otra con total integridad e inquebrantable confianza? ¿Cómo es que nunca decayó debido al miedo o al pavor? ¿Cómo es que el peligro, los verdugos y los leones nunca pudieron tocarlo?

La respuesta, por supuesto, es la oración. No hay mejor forma de fortalecer la fe y la confianza en Dios que ser fiel en la oración. Ore diariamente pidiendo valor y confianza, porque la oración transforma el miedo en fe y luego la fe lucha contra sus temores. Ore, como lo hicieron los discípulos, por que Dios aumente su fe (Lc. 17:5).

Capítulo 10

María...
una mujer de
extraordinaria adoración

Engrandece mi alma al Señor;
Y mi espíritu se regocija en Dios mi Salvador.
—LUCAS 1:46-47

Se acuerda de la experiencia de adoración más significativa de la que usted ha participado? En mi caso, ocurrió hace solo unos años después de la caída del comunismo en Rusia. Había ido a Moscú a impartir un curso de dos semanas a un grupo de pastores misioneros. Durante el fin de semana, prediqué en una pequeña iglesia en las afueras de la ciudad.

El pequeño salón donde la congregación efectuaba el servicio religioso estaba lleno de personas de todas las edades, hombres y mujeres mayores así como hombres y mujeres jóvenes, todos con la esperanza reflejada en los ojos. Jóvenes y viejos por igual, disfrutaban de su recién adquirida libertad. Ya no tenían que ocultarse para adorar a Dios por temor a ser perseguidos. Podían adorar y participar en la comunión abiertamente y sin reservas. ¡Y adoraron a Dios! Durante más de tres horas, estos santos

173

queridos oraron, cantaron, dieron testimonio, participaron de la Santa Cena y me escucharon predicar la Palabra de Dios. A pesar de ser testigo de esta experiencia por medio de un intérprete, aun así, me sentí profundamente conmovido por su adoración sincera.

La naturaleza de la adoración

La adoración es un privilegio de la fe cristiana. Es una forma en que usted y yo podemos honrar a Dios y centrar la atención en Él. Podemos adorar a Dios en cualquier lugar y en cualquier momento, hasta en un salón alquilado en Rusia, porque adoramos a Dios en espíritu y en verdad (Jn. 4:23).

Podemos sentirnos agradecidos hoy que adorar a Dios sea un deleite y una alegría. En cambio, muchas de las grandes personas de oración que hemos conocido en este libro tuvieron respuestas muy diferentes en sus encuentros con Dios:

- A Abraham, Dios se le apareció como: "un horno humeando y una antorcha de fuego" mientras le hacía un juramento divino a Abraham de cumplir sus promesas (Gn. 15:17). ¿La respuesta de Abraham? "sobrecogió el sueño a Abram, y he aquí que el temor de una grande oscuridad cayó sobre él" (v. 12).

- A Moisés, Dios se le apareció: "en una llama de fuego en medio de una zarza" (Ex. 3:2). ¿La respuesta de Moisés? "Moisés cubrió su rostro, porque tuvo miedo de mirar a Dios" (v. 6).

- A Job, Dios le habló desde un torbellino (Job 38:1). ¿La respuesta de Job? "Me aborrezco, y me arrepiento en polvo y ceniza" (42:6).

- A Daniel, Dios: "parecía un relámpago, y sus ojos como antorchas de fuego, y sus brazos y sus pies como de color de bronce bruñido, y el sonido de sus palabras como el estruendo de una multitud" (Dn. 10:6). ¿La respuesta de Daniel? "Vi esta gran visión, y no quedó fuerza en mí, antes mi fuerza se cambió en desfallecimiento, y no tuve vigor alguno" (v. 8).

La adoración era la respuesta natural de estas grandes figuras de la Biblia a sus visiones de Dios. Cada una de ellas se acercó a Dios con respeto y a su manera, trasmitieron su falta de valía ante un Dios santo. Sus encuentros con Dios y en algunos casos, con seres angélicos, eran aterradoras y literalmente les quitaban todas las fuerzas.

Nosotros también debemos acercarnos a Dios con honor y respeto. ¡Él es Dios Todopoderoso! Pero ¿no se siente usted agradecido de que debido a la muerte y resurrección de Jesús, sus encuentros con Dios no tienen que ser experiencias aterradoras? La obra de Jesús en la cruz posibilitó que usted se presente valientemente ante Dios mediante la oración. Y podemos alabarlo y adorarlo siempre que queramos y sin temor.

Piense en la relación que usted tiene con Dios. Considérelo como: "alto y sublime... santo, santo, santo, Jehová de los ejércitos; toda la tierra está llena de su gloria" (Is. 6:1, 3). Luego dedique unos minutos a adorar a Dios con oración y alabanza.

La oración en la vida de María

Hay otra persona cuya vida se caracterizó por la oración y la adoración. Se llamaba María. La vemos por primera vez cuando era una adolescente que vivió hace 2.000 años en un insignificante pueblo de Galilea llamado Nazaret. La actitud de adoración de María hacia Dios nos ofrece otro rasgo más que debe ser parte de cualquier hombre o mujer que aspire a desarrollar una vida de extraordinaria oración.

Quizás usted se haya preguntado, como me he preguntado yo, por qué no hay más cosas escritas en la Biblia sobre la vida de María. Uno pensaría que en la Biblia habría incontables capítulos sobre la vida de la madre de Jesús. Pero sorprendentemente, solo hay unos cuantos versículos dispersos en los evangelios y el libro de los Hechos que hablan de María.

¡Pero cuánto significado tienen esos versículos! Cuando uno los lee, especialmente los referido a lo manifestado por ella al ángel Gabriel (Lc. 1:26-38) y su extraordinaria oración de adoración (v. 46-55), uno empieza a entender un poco la profundidad de la madurez y la comprensión de Dios que poseía esta adolescente. Estos encuentros verbales brindan una percepción profunda del corazón y el alma de esta mujer extraordinaria.

Además de estas pocas palabras habladas, la vida de María nos revela mucho sobre la adoración. De hecho, la vida personal de María como la madre del Hijo de Dios fue de adoración diaria durante 30 años.

María puso de manifiesto un espíritu humilde: La adoración es la expresión de respeto y reverencia hacia un ser divino y la humildad es una actitud fundamental para esta expresión. María nos demostró su humildad por primera vez cuando le dio una respuesta positiva y respetuosa a la declaración de Gabriel cuando este le dijo: "concebirás… y darás a luz un hijo" (v. 31). Ella dijo:

"He aquí la sierva del Señor" (v. 38). María se consideraba a sí misma no más que una esclava dispuesta a hacer lo que su amo le pidiera.

Después de su encuentro con el ángel Gabriel y un viaje hacia el sur a una ciudad en Judá, María llegó a la casa de su prima Elisabet (1:39). Al verla, Elisabet le dio una bendición inspirada por Dios, lo que dio lugar al "Magníficat" de María, donde mostró humildad cuando ofrecía una oración de alabanza (vv. 46-55).

- La humildad responde adecuadamente: "mi espíritu se regocija" (v. 47). María no había esperado nada, por lo que era capaz de apreciar la bendición que Dios le estaba dando.

- La humildad se da cuenta de su necesidad: María se regocijó en: "en Dios mi Salvador" (v. 47). Aunque todas las generaciones la llamarían bienaventurada, María no se hacía ilusiones en cuanto a su condición espiritual. Ella sabía que era una pecadora que necesitaba un Salvador.

- La humildad recuerda su posición: "ha mirado la bajeza de su sierva" (v. 48). María recordaba su posición, tanto social como espiritual. Socialmente, estaba en el nivel inferior y espiritualmente, preparada y dispuesta a servir a Dios como su sierva. Ahí es exactamente donde Dios la quería. En esa posición, Él podía honrarla, pues la humildad recuerda su posición y está lista para ser usada según se necesite. Lo que Dios estaba haciendo en la vida de María tendría un profundo efecto sobre el mundo y todas las generaciones futuras.

- La humildad reconoce a su proveedor: "el Poderoso; Santo

es su nombre" (v. 49). Una persona humilde como María tiene una sola dirección hacia donde mirar: para arriba. María reconoció quién era el que estaba obrando en su vida.

- La humildad se regocija de su provisión: "me ha hecho grandes cosas el Poderoso" (v. 49). María no solo reconoció que Dios obraba en su vida, sino que también se regocijó por lo que Dios iba a hacer.

Piense en las extraordinarias personas de oración que hemos conocido a lo largo del camino en este libro; personas como usted y yo que han sentido el poder transformador de Dios en la vida diaria. ¿No está de acuerdo en que la humildad es un rasgo común a todos ellos? Por ejemplo:

- Abraham: "se postró en tierra" y se describió a sí mismo como: "polvo y ceniza" en presencia del Señor (Gn. 18:2, 27).
- Moisés: "era muy manso, más que todos los hombres que había sobre la tierra" (Nm. 12:3). Debido a esto, Dios dijo: "Cara a cara hablaré con él... verá la apariencia de Jehová" (12:8).
- Ana: Se refirió a sí misma como "sierva" (1 S. 1:11). Ana, igual que María, se consideró como una sierva dispuesta a cumplir los deseos de su Señor.
- Job: Se arrepintió de quejarse, cuestionar y desafiar la sabiduría y la justicia de Dios y en humildad, dijo: "me aborrezco, y me arrepiento en polvo y ceniza" (Job 42:6).
- David: En su oración de arrepentimiento, comprendió que

Dios no quería rituales externos sin un arrepentimiento verdadero y humilde: "No quieres sacrificio, que yo lo daría; No quieres holocausto. Los sacrificios de Dios son el espíritu quebrantado… el corazón contrito y humillado" (Sal. 51:16-17).

La humildad y la oración son colaboradores en la vida del extraordinario pueblo de Dios. Un corazón humilde es el corazón que ora. Y a la inversa, el corazón que ora es un corazón humilde.

Una enseñanza para aprender acerca de la oración

¿Ansía usted ser un hombre o una mujer de oración extraordinaria? Entonces cultive la humildad. ¿Cómo se hace? Tenga el corazón de un siervo. Lleve un registro reducido de pecados con Dios. Confiésese a menudo. "Andad en el Espíritu" (Gá. 5:16). Y por supuesto, ¡ore! La oración es un acto de humildad en sí misma. La oración es el reconocimiento de su total dependencia a Dios. Los orgullosos no pueden orar. Los arrogantes no quieren orar. Solo los humildes desean orar y solo ellos lo hacen. Reconozca su humildad ahora mismo poniéndose de rodillas y orando.

María dio la respuesta correcta a la revelación: Durante siglos, todas las jóvenes judías soñaban con ser la mujer más bienaventurada. ¿Quién sería esa mujer afortunada? ¿La hija de un gobernante? El Mesías debía ser de una familia aristocrática, ¿no es verdad? O quizás el Mesías nacería en el seno de una familia de comerciante. El Mesías debía tener riquezas y poder, ¿no? ¡Pues no!

Dios escogió a María para ser la favorecida. Ella era una sencilla joven campesina. No tenía dinero, ni posición en la sociedad. De hecho, ¡ni esposo tenía! Entonces, ¿por qué María? ¿Cuál era su única cualidad? Ella había: "hallado gracia delante de Dios" (Lc. 1:30). Ella no se había ganado esa gracia, ni poseía ninguna virtud especial de justicia. Y ella también, según sus propias palabras, necesitaba a un Salvador (v. 47). Dios, en su soberana sabiduría, simplemente la había escogido entre todas las jóvenes judías de Judá para que fuera la madre de su Hijo.

¿Cómo respondería ella a la revelación de que Dios la había escogido para ser la madre del Mesías? Ella solo era una adolescente; ¡la oferta era inmensa! Después de todo, quizás no quisiera pagar el alto precio de la obediencia. Pero nosotros conocemos la respuesta, ¿verdad? Sin embargo, es una pregunta razonable porque muchas otras personalidades de la Biblia que eran mayores y debían haber sido más maduras respondieron a las revelaciones de Dios de manera muy diferente a la de María. Por ejemplo:

- Sara "rió" cuando supo la revelación de que tendría un hijo en su vejez (Gn. 18:9-15).
- Moisés dio todas las justificaciones que se le pudieran ocurrir antes de ceder y aceptar a regañadientes el plan de Dios para su vida (Éx. 3:11–4:17).

- Zacarías, que anteriormente también había recibido una visita de Gabriel, pidió una prueba de la revelación de que su esposa, Elisabet, concebiría en su vejez: "¿En qué conoceré esto?" (Lc. 1:18).

- María, en cambio, respondió con plena confianza. Aceptó lo que Dios iba a hacer. Su única pregunta fue sobre el proceso: "¿Cómo será esto? pues no conozco varón" (v. 34). Su respuesta final reveló su fe en Dios.

Muchas personas hoy día esperan que un "Gabriel" les haga una revelación de Dios para su vida. Igual que Zacarías, esperan por una prueba visible. Pero ¿la presencia de un ángel (la prueba visible) influyó en algo en la respuesta de Zacarías por la revelación que recibió? No. Incrédulo, ¡Zacarías quería más pruebas aún! Cuando hay falta de fe, ninguna prueba es suficiente.

En cambio, la fe no necesita pruebas. María comprendió que Dios iba a realizar un milagro. Ella no necesitaba pruebas. Su fe aceptó la declaración del ángel. Ella sencillamente preguntó cómo ocurriría ese milagroso acontecimiento porque ella era virgen.

Una enseñanza para aprender acerca de la oración

Hoy, Dios nos habla no por medio de ángeles, sino cuando leemos la Biblia. La Biblia es inspirada por Dios (2 Ti. 3:16); es la Palabra inspirada del Dios viviente. Por lo tanto, su Palabra: "es viva y eficaz, y más cortante que toda espada de dos filos; y penetra hasta partir el alma y el espíritu, las coyunturas y los tuétanos, y discierne los pensamientos y las intenciones del corazón" (He. 4:12). ¿La respuesta de María le da alguna idea de cómo usted debe responderle a Dios cuando lee su Palabra? Con los ejemplos de cómo otras personas respondieron a Dios, ahora sabemos que no debemos reír como hizo Sara. Ni dar justificaciones como Moisés. Ni dar explicaciones racionales como Jeremías. Ni pedir pruebas o garantías como Zacarías.

Aun cuando lo que Dios promete parece ser humanamente imposible, recuerde que: "para Dios todo es posible" (Mt. 19:26). No responda con incredulidad. Como María, responda con fe: "hágase conmigo conforme a tu palabra" (Lc. 1:38).

María adoraba con otras personas: Lo que tiene de especial la adoración es que puede realizarse solo o...

- *con otra persona*, como sucedió con María y su prima, Elisabet. Elisabet, llena del Espíritu Santo, comenzó la experiencia de adoración inmediatamente después de que María llegara con su propia exaltación de alabanza. Ella: "exclamó a gran voz" (v. 42). El Espíritu de Dios le había dado una compresión extraordinaria del significado del embarazo de María. Elisabet profetizó: "Bendita tú entre las mujeres, y bendito el fruto de tu vientre" (v. 42). Y también ella, como María, mostró la actitud esencial de la adoración, la humildad, cuando dijo: "¿Por qué se me concede esto a mí, que la madre de mi Señor venga a mí?" (v. 43).
- *con otras personas*, como en la adoración colectiva con un

grupo de creyentes. La última vez que vemos a María en la Biblia, se le muestra junto a un grupo de creyentes en el aposento alto (Hch 1:12-14). Este grupo de 120 creyentes en el Cristo resucitado se habían reunido y: "Todos éstos perseveraban unánimes en oración y ruego". Obedientemente esperaban la venida del Espíritu y el nacimiento de la iglesia (v. 5).

Una enseñanza para aprender acerca de la oración

La adoración es la respuesta adecuada a un Dios santo. La oración y la alabanza son los instrumentos que podemos usar para expresar muestro amor y adoración por Él. La vida de constante adoración de María, de principio a fin, es un ejemplo invaluable de cómo se debe vivir. ¿Conoce usted a alguien o a otras personas con las que puede disfrutar momentos de adoración y comunión? Únase a ellos en adoración conjunta y déle gracias a Dios por esos preciados momentos compartidos.

El corazón de María estaba saturado de la Palabra de Dios: Algunas personas se han preguntado cómo la joven María pudo expresar aquellas palabras increíblemente sagaces que componían su oración, el Magníficat de adoración pura (Lc. 1:46-55). Obviamente, el Espíritu de Dios estaba implicado. Pero también deben haberle enseñado desde niña a amar a Dios y su Palabra. Sus breves años de estudio hicieron que las Escrituras cobraran vida para ella y se quedaron grabadas en su corazón y su alma.

De su arsenal de verdad, María pronunció su famoso y profundo Magníficat. Enaltecía íntegramente al Dios de Israel, guardador del pacto: "Socorrió a Israel su siervo" (v.54). Su oración estaba llena de alusiones y citas de la ley, los salmos y los profetas. Los temas de redención, libertad y justicia del Antiguo Testamento fluyeron por medio de su adoración. María se concentró en el poder, la santidad y la misericordia de Dios. Su confianza en Dios era el resultado del conocimiento que ella tenía de su carácter y su adoración revelaba un corazón y una mente saturados de Dios.

Una enseñanza para aprender acerca de la oración

Uno de los grandes beneficios de las Escrituras es que fortalecen y dan estructura a las oraciones. La Palabra de Dios es una herramienta que se puede usar cuando se ora. Si le presta sincera atención al Magníficat de María, podrá aprender cómo comunicarse mejor con Dios. E igual que María, podrá aprender a convertir las palabras de las Escrituras en parte de sus propias oraciones de adoración.

¿Está usted saturando su corazón y su mente con la Palabra de Dios? ¿La está ocultando en su corazón? Llene su mente con la mente de Dios y en oración y alabanza, como María, podrá decir: "Engrandece mi alma al Señor".

María tenía fe en Dios: Desde el primer encuentro con el mensajero de Dios, María mostró tener una firme confianza en Dios y en su relación con ella. Nadie se imaginaría que era solo una adolescente por la forma en que respondió con plena confianza y obediencia. Elisabet alabó la fe de María en Dios de esta manera: "bienaventurada la que creyó, porque se cumplirá lo que le fue dicho de parte del Señor" (v. 45).

La fe es válida solo en la medida en que el objeto de la fe sea válido. El objeto de la fe de María está expresado en su Magníficat. Era su Dios poderoso y misericordioso, el Santo, el ayudador en los momentos de necesidad, el Dios del pacto, el que ella llamó: "Dios mi Salvador". Un comentarista de la Biblia señala que la: "Profesión de fe" que fluye por esos versos de principio a fin crea: "una buena razón para llamar a su poema 'La canción de fe de María'".[25]

Una enseñanza para aprender acerca de la oración

Las guerras y los rumores de guerra y crimen están por todas partes. Vivimos en tiempos terribles y es fácil verse atrapado por el miedo y la paranoia. Usted y yo podemos tener tanto miedo como las personas: "sin esperanza y sin Dios en el mundo" (Ef. 2:12) que nos rodean. Pero no tiene por qué ser así. Aprenda de una adolescente. Desarrolle una mejor comprensión de la naturaleza y el carácter dignos de confianza de Dios. Ensaye con Dios su gloria y su poder. Déle gracias por su santidad y su misericordia. Luego, después de dedicar un tiempo a la oración, ¡levántese con fe y viva con confianza y para la gloria de Dios! Dios es Poderoso: "ha hecho grandes cosas el Poderoso" (Lc. 1:49). ¿Qué temores puede usted enfrentar hoy con la ayuda de Dios?

La Biblia representa a María como una mujer: "Bendita... entre las mujeres", no como una mujer a la que se debe adorar, sino a una fiel y humilde sierva. Su bendición única llegó cuando fue escogida por Dios para dar a luz su Hijo. Pero la vida de María fue difícil. Aunque fue bendecida por Dios, Simeón le predijo a ella: "(y una espada traspasará tu misma alma)" (Lc. 2:35). Y esas penetrantes palabras se hicieron realidad el día en que María, en agonía y dolor, se paró junto a la cruz y presenció la muerte de su primogénito como si fuera un criminal despreciado (Jn. 19:25). Sin embargo, María soportó el dolor en su vida con callada humildad y sumisión, sin dejar nunca de adorar y alabar al Dios en que ella creía y confiaba. La vida extraordinaria pero humilde de María nos brinda un magnífico modelo de oración y adoración.

Principios de oración de la vida de
María

 La oración prepara el camino para aceptar la voluntad de Dios.

La vida de una persona no está compuesta de segmentos, compartimentos o etapas. La vida es un lazo continuo e indiviso. Y para el creyente, ese lazo indivisible es una oportunidad constante para preferir seguir la voluntad de Dios. La voluntad de Dios puede llegar en un momento dramático en el que hay que tomar una decisión crítica. O puede llegar en las pequeñas y supuestamente rutinarias decisiones que se presentan todos los días. Pero en cualquier caso, la oración proporciona la línea de comunicación que lo ayudará a determinar la voluntad de Dios.

Orar con regularidad ayuda a transformar el corazón y la mente. Lo acostumbra a uno a aceptar la voluntad de Dios cada día y a cada paso. Entonces, cuando ocurre algo trascendental, como le ocurrió a María cuando el ángel le anunció la voluntad de Dios para ella, podemos aceptar más fácilmente el plan de Dios. Y aunque ese plan exija que tengamos que hacer cambios, la oración nos permite recibir humildemente el paso más reciente de Dios en el ritmo de la vida.

 La oración cultiva un corazón obediente.

El objetivo de las oraciones es glorificar a Dios cuando obedientemente tratamos de alinear nuestra voluntad con la de Él. Cuando buscamos a Dios en la oración, esté preparado para repetir el espíritu sumiso de María en lo que Dios revele como su voluntad: "He aquí [la sierva (el) siervo] del Señor; hágase conmigo conforme a tu palabra" (Lc. 1:38). La obediencia nunca es fácil, pero cada vez que usted se presente ante Dios con la actitud de un siervo sumiso, estará cultivando un corazón de obediencia.

La oración es una oportunidad para alabar y adorar.

La oración brinda oportunidad tras oportunidad para adorar a Dios como nuestro Creador y para alabarlo por su bondad y su misericordia. Siempre podemos encontrar algo bueno en la vida que nos permite alabar a Dios (Ro. 8:28). La acción de gracias y la adoración son parte vital del proceso de la oración. Nos dan la oportunidad de responder positivamente a la obra de Dios en nuestra vida. Permiten, como María, engrandecer al Señor. ¡Deje fluir su alabanza y su adoración!

La oración es un ejercicio reflexivo.

La oración es una disciplina seria que requiere una cuidadosa preparación. A usted no se le ocurriría llevarle a su jefe una idea sin estar preparado para hacer una presentación clara y lógica. Tampoco se reuniría con un funcionario importante para tratar un tema social sin tener un plan o una estrategia. Lo mismo sucede cuando usted se presenta ante Dios en oración. A María, la sierva, se le presenta como meditativa y reflexiva. Ella "meditaba" en todo lo que sucedía y: "guardaba todas estas cosas... en su corazón" (Lc. 2:19). La oración verdadera exige que se reflexione en cuanto a quién nos estamos dirigiendo, Dios y qué estamos pidiendo y por qué.

Es la actitud reflexiva de la adoración, el deseo de apreciar enteramente la obra de Dios en su vida, lo que separa la vida de lo corriente y la transforma en extraordinaria: "Estad quietos, y conoced que yo soy Dios" (Sal. 46:10) es una orden que debe pararlo en seco. Por lo tanto, estése quieto. Dedique tiempo para estar solo en sincera adoración y alabanza a Dios. Medite en la voluntad de Dios para su vida y en la obra de Dios en usted.

La oración genera fortaleza espiritual.

Uno de los grandes misterios de la oración es que verdaderamente fortalece, renueva y rejuvenece al alma. La oración es una disciplina espiritual que genera múltiples resultados espirituales.

Estar en comunión con Dios fortifica. Tratar los asuntos con Él nos recuerda que Él está con nosotros, incluso en el dolor y la pena. Saber que podemos acudir a Dios mediante la oración en cualquier momento y en cualquier lugar cuando nadie más puede ayudar, nos da fortaleza cuando más necesitamos ayuda. Cuando usted ora y sirve al Señor, verá que rejuvenece. Descubrirán que: "correrán, y no se cansarán; caminarán, y no se fatigarán" (Is. 40:31).

$\mathscr{P}$ablo…
un hombre de extraordinaria pasión

*Hermanos, yo mismo no pretendo haberlo ya
alcanzado; pero una cosa hago: olvidando ciertamente
lo que queda atrás, y extendiéndome a lo que está
delante, prosigo a la meta.*

—FILIPENSES 3:13-14

Un sol brillante de mediodía golpeaba a un grupo de hombres que se acercaban a Damasco. Habían soportado un viaje largo y difícil pero Saulo y sus secuaces estaban listos para llevar a cabo su misión. El sumo sacerdote de Jerusalén les había dado la tarea de ir a Damasco a arrestar a aquellos que eran de: "este Camino" (Hch. 9:2), los seguidores de Jesús y a llevarlos de regreso para juzgarlos.

Pero de repente apareció una luz mucho más brillante que el sol que cegó a Saulo. En medio de su ceguera, escuchó una voz proveniente del cielo que le decía: "Saulo, Saulo, ¿por qué me persigues?" Saulo, nombre hebreo del que pronto se convertiría en el apóstol Pablo, se cubrió la cabeza con las manos y preguntó con desconcierto: "¿Quién eres, Señor?" (vv. 4-5).

Para sorpresa de Pablo, la voz que le hablaba se identificó como la persona a quien los que eran del "Camino" adoraban y que decían que se había levantado de entre los muertos: "Yo soy Jesús, a quien tú persigues" (v. 5).

Pero... ¡se suponía que dicho Jesús estuviera muerto! Los romanos lo habían crucificado años atrás. Sin embargo, Pablo escuchaba hablar a Jesús. Con miedo y lleno de asombro, preguntó: "Señor, ¿qué quieres que yo haga?" Pablo recibió las primeras instrucciones de Jesús mismo: "Levántate y entra en la ciudad, y se te dirá lo que debes hacer" (v. 6).

En ese momento, el celoso perseguidor del pueblo de Dios se volvió un apasionado predicador del evangelio: Las buenas nuevas del Salvador resucitado, Jesucristo. El celo de Pablo fue de un extremo al otro. Anteriormente se había dedicado a la ley de Dios tal y como la entendían los rabinos y los líderes judíos de aquella época (Fil. 3:4-6). Y se oponía fervientemente a la nueva secta religiosa llamada: "el Camino". Pero ahora el celo de Pablo era por Cristo y no contra Él. Pablo tenía un nuevo propósito, una nueva misión, una nueva pasión. En resumen, debía ir a predicar el evangelio a los gentiles (Hch. 9:15).

Vivir con pasión y propósito

Si no se siente pasión por algo, se va sin rumbo por la vida. Se es como un barco sin timonel, un marinero sin brújula. Pero una vez que se haya puesto algo en la mira, se pueden encausar todas las energías en pos de alcanzar dicha meta. Y la pasión no más que esa energía. La compulsión intensa que se siente por algo o alguien es la que lo hace levantarse de la cama por la mañana, es la que lo mantiene en marcha todo el día. Y es la que lo mantiene despierto hasta tarde en la noche. Crea energías y le da sentido a la vida.

Eso fue exactamente lo que le sucedió a Pablo. Su pasión por el Salvador le dio suficiente energía para llevar a cabo extraordinarias hazañas por Jesús durante los 25 años que siguieron. Pablo declaró su pasión por Jesús de la siguiente manera: "a fin de conocerle, y el poder de su resurrección, y la participación de sus padecimientos, llegando a ser semejante a él en su muerte" (Fil. 3:10). ¿Puede sentir su intensidad? Por medio de este compromiso abierto a servir a su Señor, Pablo siguió adelante en su afán de ser obediente al llamado de Dios en su vida (Fil. 3:14). La Pasión de Pablo por Jesús fue lo que lo motivó a...

- predicar día y noche al pueblo y sus líderes en Éfeso (Hch. 20:31)
- agotar su vida hasta poder declarar al final de la misma: "He peleado la buena batalla, he acabado la carrera, he guardado la fe" (2 Ti. 4:7)
- ser un fiel siervo del propósito de Dios para su vida (1 Co. 4:2)

La oración es un elemento esencial para determinar el propósito de Dios y encender la pasión para llevar a cabo el propósito de Dios.

La oración en la vida de Pablo

El centro de atención de la vida y el ministerio de Pablo fue la oración. Un estudioso estimó el valor de la oración en la vida de Pablo de la siguiente manera: "La oración, más que ninguna otra fuerza, distinguió el camino de Pablo y convincentemente, hizo su carrera más exitosa".[26] ¿Qué podemos aprender de este gigante de la oración?

Pablo oró por guía: Pablo era un hombre con un propósito. Jesús mismo le había dado la tarea de llevar el evangelio a los gentiles. A diferencia de los que creen que no necesitan sabiduría o aportes, Pablo buscó ayuda. Trabajó no solo en equipo con Bernabé en la Iglesia de Antioquia, sino que también estaba abierto a recibir la guía de Dios por medio de sus colaboradores, cuando todos oraban. Las Biblia dice: "Ministrando éstos al Señor, y ayunando, dijo el Espíritu Santo: Apartadme a Bernabé y a Saulo para la obra a que los he llamado" (Hch. 13:1-2). Las oraciones de los líderes no apartaron a Pablo, sino que sirvieron para reafirmar la elección del Espíritu. Por consiguiente, Pablo y Bernabé podían seguir adelante con su misión, confiados de que Dios los guiaba.

Una enseñanza para aprender acerca de la oración

Orar por guía debe constituir una práctica de gran importancia en su vida. Nada es demasiado insignificante por lo que no valga la pena orar. Si cree que Dios lo guía en una determinada dirección, espere la confirmación. Pida a los líderes de su iglesia que oren junto a usted. Entonces, podrá proseguir con confianza mientras Dios lo guía por medio de las oraciones respondidas.

Pablo oró y ayunó: El ayuno formaba parte de la vida de muchos de los extraordinarios hombres que aparecen en la Biblia. Recuerdo a Ana, a Samuel, Nehemías, a Daniel y en el capítulo siguiente veremos a Jesús.[27] Las comidas, tanto su preparación como el comerlas, consumen una parte importante del día de cualquier persona. Por consiguiente, el ayuno da a las personas tiempo extra para orar, para confesar y pensar en los pecados cometidos y para que el cuerpo, la mente y el espíritu adopten una postura más sensible para recibir la guía de Dios. El hambre también refuerza el sentido de arrepentimiento y nos recuerda nuestra dependencia de Dios.

Al igual que los extraordinarios hombres y mujeres que lo antecedieron, Pablo y Bernabé combinaron la oración y el ayuno cuando tuvieron que tomar decisiones importantes. Para el equipo de ministerio de Antioquia, orar y ayunar constituía una rutina, parte de su disciplina espiritual de liderar la iglesia. Y cuando el Espíritu Santo hablo con respecto de la separación de Pablo y Bernabé para un ministerio especial, los líderes nuevamente acudieron a la oración y al ayuno para buscar la guía de Dios antes de enviarlos a los dos a una empresa misionaria tan importante (Hch. 13:2-3).

Al final del primer viaje misionero, Pablo y Bernabé volvieron a dedicar tiempo a la oración y al ayuno. Llevaban dos años estableciendo iglesias en el área y ahora tenía que irse. El liderazgo, cuando ellos no estaban, era crítico. Y justo como dichos dos hombres habían hecho antes, oraron y ayunaron para reafirmar y encomendar al Señor los ancianos que ellos habían designado para que ocuparan los puestos de líderes (Hch. 14:23).

Una enseñanza para aprender acerca de la oración

La disciplina espiritual de ayunar también nos es de ayuda, ya que nosotros también buscamos la guía y la voluntad de Dios. Al incluir el ayuno en su vida de oración, agrega un elemento que otorga mucha más seriedad a sus plegarias. En demasiados casos resulta sencillo acudir a Dios de manera esporádica por medio de la oración. En algunas ocasiones puede que hasta haya cierto grado de superficialidad en nuestras oraciones. Pero cuando se decide orar y se ayuna de manera conjunta, se expresa el deseo de estar más concentrado en Dios.

Por tanto, cuando su corazón esté agobiado o cuando tenga que tomar decisiones de gran envergadura, ¿por qué no hace más intensa la seriedad de sus oraciones mediante el ayuno?

Las oraciones de Pablo eran estratégicas: Pablo amaba a todos los creyentes, los que conocía personalmente y los conocía por boca de otros (Col. 1:3-4). Se preocupaba por su estado físico y lo que es más importante, por su bienestar espiritual. He aquí algunas de las preocupaciones espirituales por las que Pablo oró en Colosenses 1:9-12. Son las mismas que tendría Pablo hoy día por usted y por mí:

- ser llenos del conocimiento de la voluntad de Dios
- obtener sabiduría y entendimiento espiritual
- andar como es digno del Señor

- llevar el fruto de toda buena obra
- fortalecerse conforme a la potencia de la gloria de Dios
- tener paciencia y longanimidad
- tener un corazón agradecido

¿Ya perfeccionó usted dichos elementos de madurez espiritual? Entonces he aquí algunas esferas adicionales de desarrollo espiritual por las que Pablo oró para todos los cristianos:

- Oró por la santificación de nuestro ser, espíritu, alma y cuerpo (1 Ts. 5:23-24).
- Oró por que seamos llenados de los frutos de la justicia... que son para gloria y alabanza de Dios (Fil. 1:11).
- Oró por que seamos fortalecidos con poder en el hombre interior (Ef. 3:16).
- Oró por que experimentemos toda la plenitud de Dios (Ef. 3:18-19).
- Oró por que tengamos un mismo sentir y por que, unánimes, a una voz, glorifiquemos a Dios (Ro. 15:5-6).

Una enseñanza para aprender acerca de la oración

¿Cuál es el centro de sus oraciones? ¿Son asuntos temporales y físicos? ¿Sus oraciones, por usted mismo y por los demás, están repletas de problemas concernientes a la salud, el hogar y las finanzas? Esos son problemas importantes respecto a los cuales debemos estar tranquilos, pero no están entre las más altas prioridades de Dios. Si se pesan en la balanza eterna, no son de peso alguno. (¿Y por cierto, no prometió Dios que Él se haría cargo de lo que comeríamos, beberíamos y vestiríamos, de nuestras necesidades físicas, en Mateo 6:31? ¿Y no dijo Pablo que Dios nos supliría todo lo que nos faltara en Filipenses 4:19?)

Cuando ore, aprenda de Pablo y ore de manera estratégica. Ore por las necesidades espirituales. Deje que sus oraciones se repleten de preocupación por la salvación, el crecimiento espiritual, la sabiduría, el discernimiento y la conducta. Deje que sus oraciones tengan cualidades eternas. El mundo físico ya va de pasada y las verdaderas batallas se librarán en el reino espiritual: las batallas por el corazón y el alma. Así que, ore en consecuencia.

Las oraciones de Pablo eran continuas: Pablo practicaba lo que predicaba. Exhortó a los creyentes tesalonicenses a orar: "sin cesar" (1 Ts. 5:17). Pablo ya había dicho a aquellas personas que él oraba: "de noche y de día" para regresar junto a ellos y enseñarles aun más (3:10). Así que, cuando les dijo: "Orad sin cesar", Pablo les pedía que siguieran su ejemplo.

¿Qué significa orar: "sin cesar" o "en todo momento" (BLS)? La frase: "sin cesar significa 'constante' y define a la oración, no como una actividad perpetua de arrodillamiento e intercesión, sino como un estilo de vida marcado por una actitud constante de oración".[28] Pablo mostró ser poseedor de dicha actitud constante de oración cuando oró...

- con un grupo de mujeres a orillas del río (Hch. 16:13)
- en una mazmorra con los pies en el cepo (Hch. 16:25)
- con los ancianos efesios en una playa (Hch. 20:36)
- con un grupo de discípulos en Troas, nuevamente en una playa (Hch. 21:5)
- en medio de una tormenta en el mar (Hch. 27:23-25)
- durante los años que estuvo en prisión [29]

Una enseñanza para aprender acerca de la oración

La oración es una disciplina espiritual que resulta difícil de practicar de manera verdaderamente constante hasta para el más devoto de los cristianos. Exige tiempo y necesita de concentración, cosa harto difícil de incorporar a las mentes y los estilos de vida modernos. Para orar también tenemos que vencer nuestra inclinación natural de tratar de resolver los problemas por nuestros medios. La oración pone a prueba nuestra paciencia. No nos gusta esperar por las respuestas de Dios. Así que, intentamos manipular la situación al idear nuestras propias respuestas rápidas.

No permita que la lucha por la oración lo desaliente. Pida a Dios que lo aparte de las distracciones del mundo que lo rodea y le permita concentrarse en Dios. Que le dé receptividad a su voluntad. Que le ayude a ver la vida a través de las Escrituras. Y que lo ayude a esperar pacientemente por las respuestas. Entonces, como Pablo, podrá desarrollar una actitud de: "Orar todo el tiempo".

Las oraciones de Pablo eran para otras personas: Al igual que otras extraordinarias personas de oración que aparecen en la Biblia, Pablo fue un intercesor. Sus escritos están repletos de oraciones de intercesión a nombre de otros. La mayoría de las cartas de Pablo que aparecen en el Nuevo Testamento comienzan diciendo: "Hago mención de vosotros siempre en mis oraciones".[30] ¡Debe haber tenido una extraordinaria lista de oraciones!

Las oraciones de Pablo no eran solo para sus hermanos creyentes, sino también para los miembros de las autoridades gubernamentales. Pablo nunca olvidó que él era un ciudadano del mundo y que dicha ciudadanía, como todo privilegio, conllevaba responsabilidades. Por lo tanto, Pablo oró por los que representaban la autoridad, por que gobernaran bien para que los creyentes pudieran, con mayor facilidad, llevar una vida: "quieta y reposadamente en toda piedad y honestidad" (1 Ti. 2:2).

Una enseñanza para aprender acerca de la oración

Como ya habíamos visto, Pablo oraba incesantemente por otros, la mayoría de los cuales jamás había conocido o visto siquiera. Orar incesantemente por los que conocemos es muy difícil. ¡Imagine entonces hacerlo por personas que no conoce! Pero he ahí la enseñanza que Pablo nos lega. Él consideraba que la intercesión era un poderoso aspecto de su ministerio. No importaba dónde estuviera, en prisión o a orillas de un río, Pablo podía orar por otros. Y no importaba si los conocía o no, lo que importaba era que necesitaran de sus oraciones, ya fueran creyentes en una iglesia o no creyentes en puestos del gobierno.

Y hoy sucede igual. No importa quién sea una persona o el lugar donde usted esté, debe orar sin cesar por otros. Lo que importa es que las personas de todo el mundo necesitan de sus oraciones. ¿Por qué no comienza su extraordinaria lista de oraciones hoy?

Pablo pidió oraciones por otros: Pablo pasó su vida orando por otros. Dio aliento a muchos. Pero también entendió que el poder de la oración podía y debía actuar a nombre suyo también. Pablo nunca pidió una oración por motivos egoístas, siempre en pos del progreso del evangelio.

A pesar de que Pablo fue el soberano apóstol, predicador y misionero que había obrado incontables milagros, a quien el Señor le había hablado por medio de visiones y que había sido un instrumento para la Palabra de Dios a la iglesia, Pablo rogó a otros que oraran por él. Pidió que oraran por él a:

- La iglesia de Roma: "Pero os ruego, hermanos, por nuestro Señor Jesucristo y por el amor del Espíritu, que me ayudéis orando por mí a Dios, para que sea librado de los rebeldes que están en Judea, y que la ofrenda de mi servicio a los santos en Jerusalén sea acepta" (Ro. 15:30-31).
- La iglesia de Corinto: "Cooperando también vosotros a favor nuestro con la oración, para que por muchas personas sean dadas gracias a favor nuestro por el don concedido a nosotros por medio de muchos" (2 Co. 1:11).

- La iglesia de Éfeso: "orando en todo tiempo con toda oración y súplica en el Espíritu, y velando en ello con toda perseverancia y súplica por todos los santos y por mí, a fin de que al abrir mi boca me sea dada palabra para dar a conocer con denuedo el misterio del evangelio" (Ef. 6:18).

- La iglesia de Colosas: "Orando también al mismo tiempo por nosotros, para que el Señor nos abra puerta para la palabra, a fin de dar a conocer el misterio de Cristo" (Col. 4:3).

Una enseñanza para aprender acerca de la oración

Pablo escribió acerca de combatir: "principados, contra potestades, contra los gobernadores de las tinieblas de este siglo, contra huestes espirituales de maldad en las regiones celestes" (Ef. 6:12). Él comprendió que en nuestro mundo se libra una fiera guerra espiritual y que todo creyente necesita el apoyo de la oración de otros. Él comprendió que en la unión de nuestras oraciones está la fuerza espiritual y la solidaridad.

La enseñanza que Pablo nos legó es clara. Al igual que Pablo dependía de las oraciones del pueblo de Dios para el éxito de su ministerio, nosotros también debemos depender de las oraciones de otros para nuestras vidas y ministerios. No intente librar la batalla espiritual solo. Busque a otros para orar por usted y junto a usted mientras libra: "la buena batalla de la fe" (1 Ti. 6:12).

Las oraciones de Pablo eran en fe: Si analiza las oraciones de Pablo, no puede evitar fijarse que siempre fueron pronunciadas con completa confianza. Pablo creía en la oración respondida. Así que, no es sorpresa alguna que camino a Roma, en medio de una tremenda tormenta en el mar, Pablo se parara y proclamara con audaz confianza y gran fe que todos se salvarían.

¿Cómo puedo declarar algo así? Porque el Ángel de Dios le confirmó a Pablo que llegaría a Roma a salvo y se presentaría ante el Cesar. Hay grades probabilidades de que Pablo haya orado durante los 14 días que duró la tormenta y que la aparición del mensajero angelical fuera la respuesta que Dios dio a sus oraciones. Pablo y toda la tripulación casi habían perdido toda esperanza de sobrevivir a la terrible tormenta. Sin embargo, en fe, Pablo dijo: "yo confío en Dios que será así como se me ha dicho" (Hch. 27:25).

Una enseñanza para aprender acerca de la oración

La fe es un elemento esencial en la oración. La fe es la principal razón por la cual se ora. La fe cree que Dios escucha y responderá sus oraciones de acuerdo a su voluntad y de la manera que sea mejor para usted. La fe mira en dirección al fin desesperanzador y sin dudas, clama a Dios (Stg. 1:6). La fe mira en dirección a lo imposible y en oración, lo pide como posible, creyendo que Dios puede hacerlo.

Pablo creía que en la economía divina de Dios, sus oraciones, influían de alguna manera.

¿Participa usted de la gran fe de Pablo en Dios y en la oración? Si la respuesta es negativa, pídale rápidamente a Dios que lo ayude con su falta de fe.

Pablo está entre los personajes más significativos que la fe cristiana ha dado jamás. Escribió 13 de los 27 libros del Nuevo Testamento. Sus escritos brindan muchas de las verdades doctrinales esenciales de la fe cristiana. Fue un pionero misionero y un fundador de iglesias. Y lo más asombroso de su increíble ministerio fue que logró todo eso en cerca de 25 años.

¿Cuáles fueron los factores clave en la productiva vida de Pablo? Primero, que Pablo sentía pasión por servir a su Salvador. Desde el momento en que Jesús le habló en el camino a Damasco, Pablo se dedicó por completo a cumplir con el llamado de Jesús en su vida. Nada podía apartarlo de su labor de amor, de su servicio que prestaba a su Señor.

Segundo, que la pasión de Pablo por servir a Cristo se suplementaba con la pasión que sentía por la oración. La oración resultaba de tal importancia para Pablo como lo es respirar para usted y para mí. Pablo oraba constantemente. Oraba por quienes conocía en persona y por quienes conocía solo por su reputación. Cualquiera y todos eran los nombres que aparecían en su lista de oraciones.

Si nota que le falta pasión espiritual, deje que Pablo sea su modelo, su mentor. Pida al Padre que le dé la gran pasión de Pablo por su Hijo. Pida a Dios que le dé el corazón de Pablo por las personas y una pasión por la oración aún mayor.

Principios de oración de la vida de
Pablo

La oración debe ser con entendimiento.

La oración es una conversación con Dios. Pero a menudo no se nos ocurre nada que decirle a Dios, así que, nos olvidamos de ello. O puede que tengamos demasiado dentro de nuestros corazones y dentro de la misma oración, toquemos 30 temas distintos. Las oraciones de Pablo constituyen un estudio de peticiones reflexivas, serias y sinceras. Él comprendía la naturaleza y el poder de Dios, y oraba como un abogado presenta, con cuidado, su caso ante un juez: Con fervor pero en una dirección. No deje de orar pero estudie la Palabra de Dios y las oraciones de los hombres y mujeres de Dios para aprender a orar con mayor entendimiento.

La oración cuenta con la ayuda del Espíritu Santo.

El Espíritu Santo es un miembro vital de su: "Equipo de oración". Se ha hecho una apelación a todos los creyentes a orar: "en el Espíritu Santo" (Jud. 20), a orar constantemente en el poder del Espíritu. Esto es posible gracias al Espíritu de Dios que habita en usted. Su dependencia de la ayuda del Espíritu Santo es grande. Incluso cuando no esté seguro de cómo orar, el ministerio del Espíritu estará ahí para ayudarlo (Ro. 8:26). A menudo, los creyentes se sienten inclinados a pedir cosas que pueden resultar perjudiciales. Así que, conociendo por completo la mente y la voluntad del

Padre, el Espíritu lo ayuda en sus oraciones al interceder por usted y purificar los motivos de las peticiones que hace en sus oraciones.

La oración debe concentrarse en cuestiones espirituales.

La oración es un asunto celestial. Cuando ora, usted pide a Dios que se haga su voluntad en la tierra, como ya se hace en el cielo. Aunque el reino mundano en el que vive le resulta importante, no es una de las principales preocupaciones del Padre. Pablo nos mostró esta verdad al concentrar sus oraciones en el reino espiritual. Solo una vez Pablo mencionó una necesidad concerniente a su salud física. Por otra parte, las cuestiones mundanas y temporales apenas se mencionan. Las preocupaciones físicas tienen su lugar en la intercesión, pero siempre deben tener un carácter secundario, por debajo del orar por las necesidades espirituales de otros.

La oración no siempre recibe respuesta inmediata.

Las respuestas de Dios a sus oraciones pueden tardar años en llegar. Pero su papel es orar y confiar en que Dios le dará la respuesta en el momento justo, consecuentemente con sus propósitos. Una oración, una vez dicha, pasa del reino de lo finito a lo infinito, al reino de Dios y es posible que nunca se entere de cómo fue respondida su oración en el cielo.

Es difícil perseverar en la oración si, al parecer, no se reciben respuestas. Pero esté seguro de que ninguna oración se ofrece en vano. Si cree que su oración entra en el campo del amor de Dios y está acorde a su voluntad, ore. Puede que la respuesta se posponga, pero tendrá lugar. La respuesta bendecida ya se encomendó y la fecha de entrega ya se anotó en el libro divino de incidencias de Dios. Vendrá justo en el momento preciso, cuando más falta haga.

Capítulo 12

Jesús...
un hombre de
extraordinaria oración

Y Jesús, alzando los ojos a lo alto, dijo: Padre, gracias te
doy por haberme oído. Yo sabía que siempre me oyes;
—JUAN 11:41-42

A medida que hemos proseguido en el estudio de los
extraordinarios hombres y mujeres de la Biblia y sus
oraciones, no he podido dejar de recordar mis viajes a
la India. Aquellas fueran épocas en que necesité grandes dosis de
la seguridad de la presencia de Dios en mi vida.

Tomemos, por ejemplo, mi primer viaje a la India. Las personas
que componían mi equipo misionero hicieron escala en Singapur.
Debíamos marcharnos en avión a la tarde siguiente... o al menos,
eso creímos. Esa tarde siguiente, llegamos al aeropuerto y nos
dijeron que el avión ya había partido. ¿Cómo pudimos haber
cometido tan craso error? Ahí estábamos, atónitos, en medio
de un inmenso aeropuerto internacional. No había forma de
contactar a nuestro anfitrión en la India (quien tenía que viajar

dos horas por ómnibus, taxi y un carruaje tirado por un hombre para ir a recibirnos en el aeropuerto en Bombay. ¡Y pasarían diez años antes de que le instalaran una línea telefónica en su casa!)

¿Qué hacíamos? Sabíamos que otro avión saldría para Bombay al día siguiente pero ¿estaría Chris, nuestro anfitrión, allí? ¿Se imaginaría lo que pudo habernos pasado y nos esperaría, o nos bajaríamos del avión en un país extranjero con costumbres muy diferentes sin nadie allí para recibirnos? Mientras nos agrupábamos en medio de aquel concurrido aeropuerto asiático, nos pusimos a orar: "Señor, de alguna manera, en tu gran providencia, permitiste que perdiéramos el avión. ¿Qué hacemos ahora?" Cuando terminamos de orar pidiéndole orientación a Dios, una extraña paz me sobrevino. Sabía exactamente lo que debíamos hacer. Confiadamente, dije: "Debemos tomar el próximo vuelo a Bombay. Chris estará allí cuando lleguemos".

Y en efecto, allí estaba Chris, sonriendo, cuando salíamos al ardiente sol de verano. Eso fue una maravillosa confirmación de nuestras oraciones y nos hizo tremendamente conscientes de que Dios nos había antecedido y había abierto las puertas para que pudiéramos ministrar en su fortaleza y poder. Y eso fue exactamente lo que sucedió. Pasamos dos semanas increíblemente productivas de ministerio guiado por el Espíritu.

Cuando miro atrás al avión que perdimos y a aquella reunión especial de oración en medio del aeropuerto de Changi, no puedo evitar creer que la seguridad que todos sentimos en aquel momento fue el resultado de la oración pidiéndole orientación a Dios debido a un "descuido" nuestro.

Hasta cierto punto, la seguridad de la oración respondida que todos sentimos fue la misma seguridad que Jesús conoció a lo largo de toda su vida de ministerio. Jesús resumió su línea abierta de comunicación con su Padre cuando dijo: "Yo sabía que siempre me oyes" (Jn. 11:42)

El modelo perfecto en oración

"I'd Rather Be Like Jesus" [Prefiero ser como Cristo] es el título de un himno que debiera reflejar adecuadamente nuestro objetivo en cuanto a la oración. Que objetivo más maravilloso es que nosotros deseemos, igual que Jesús, que nuestros corazones sean puros y estén libres de pecado y por tanto nuestras oraciones siempre serían oídas (Sal. 66:18). E igual que Jesús, nuestras oraciones serían respondidas porque estaríamos orando en la voluntad del Padre (1 Jn. 5:14).

Jesús vivió en el espíritu de la oración. Podía estar solo con el Padre en medio de una multitud o en un lugar apartado. La oración era su vida, su costumbre. Oraba en todas las situaciones, en todas las emergencias y en todas las oportunidades para todas las cuestiones. Y oraba por la pura dicha de hablar con su Padre. El estudio de la vida y las oraciones de Jesús nos proporciona el fin perfecto de un libro de extraordinarias oraciones de la Biblia. Veamos ahora qué podemos aprender de Él.

Jesús oraba ante acontecimientos o decisiones importantes: ¿Cómo le hace frente usted a los hechos fundamentales de su vida? ¿Y cómo toma decisiones? ¿Se inquieta y se preocupa? ¿Se angustia y camina impacientemente? Ya sea un hecho importante al que se enfrenta o una decisión que debe tomar, siga el modelo de Jesús. Los Evangelios de Mateo, Marcos, Lucas y Juan nos muestran a Jesús en oración ante acontecimientos o decisiones importantes como estas:

—El comienzo de su ministerio. El bautismo de Jesús fue un hecho significativo en su vida y su ministerio. La ceremonia pública marcó el comienzo oficial del servicio público de Jesús (Hch. 1:21-22). ¿Cómo abordó Jesús este momento en su vida? Lo vemos ofreciendo su primera oración documentada: "Aconteció que... también Jesús fue bautizado; y orando, el cielo se abrió, y descendió el Espíritu" (Lc. 3:21-22).

—La selección de sus líderes. Jesús tuvo muchos discípulos, pero quiso elegir a doce como líderes, como apóstoles: "Los enviados" y darles autoridad especial para proclamar su mensaje al mundo. Este hecho marcó el comienzo del entrenamiento de doce hombres a fin de llevar el evangelio a los confines del mundo. Esta era una responsabilidad monumental. ¿Cómo escogería entre todos sus seguidores? De nuevo, la oración es la respuesta: "En aquellos días él fue al monte a orar, y pasó la noche orando a Dios. Y cuando era de día, llamó a sus discípulos" (Lc. 6:12-13).

—La necesidad de alentar y fortalecer. Unos días antes de escoger a los doce, Jesús había hecho su primera profecía de la crucifixión y la resurrección (Mt. 16:21). Los discípulos estaban confundidos. Se preguntaban: "¿Cómo puede Jesús cumplir la profecía de su próximo reino si estaba muerto?" Para responder sus preocupaciones, Jesús llevó a tres de sus discípulos a un monte para que pudieran sentir la seguridad de su próximo reino. Quería que pudieran ver el futuro e infundirles confianza. Estando en el monte, las Escrituras dicen que: "entre tanto que oraba, la apariencia de su rostro se hizo otra" (Lc. 9:29).

La oración antecedió a lo que se llama "la transfiguración" y el cambio de apariencia de Jesús confirmó el futuro a Pedro, Santiago y Juan.

—La terminación de su ministerio. Jesús sabía lo que venía. Sabía que su ministerio en la tierra pronto terminaría. Y también sabía las implicaciones de su inminente muerte para toda la humanidad. Sin embargo, el final sería sumamente difícil. Por lo tanto, Jesús oró: "Padre mío, si es posible, pase de mí esta copa" (Mt. 26:39). Pero cuando oró por segunda y por tercera vez, su oración se convirtió en una oración de firmeza de decisión: "Padre mío, si no puede pasar de mí esta copa sin que yo la beba, hágase tu voluntad" (v. 42).

Una enseñanza para aprender acerca de la oración

Las Escrituras registran a Jesús orando ante muchos importantes hechos y decisiones en su vida. Jesús comenzó su ministerio con oración y terminó su ministerio con oración. Eso debe decirnos algo de la importancia de buscar guía y pedir fortaleza por medio de la oración. Como humano, Jesús optó por seguir al Padre en todo. Cuando debía tomar una decisión importante, Jesús iba al Padre en busca de sabiduría y orientación.

Este también debe ser el deseo suyo. ¿Qué decisiones debe usted tomar? ¿Qué guía necesita para el futuro? ¿Qué fortaleza le falta para usted y para otras personas? Siga el ejemplo de Dios y como Él, ore. Dios le ha dado un poderoso recurso en la

oración. No deje de usar su poder transformador y
fortalecedor.

Jesús tenía costumbre de orar: A Jesús le encantaba orar. La
oración era una parte natural de su vida y era tan importante para
Él como la vida misma. No solo oraba ante hechos y decisiones
importantes, sino que recurría a la oración en todas y cada una
de las demás circunstancias. Día y noche, la oración era su modo
de vida. He aquí unas cuantas de las innumerables veces en que
Jesús oró:

—Oración en medio de una vida agitada. Comprensiblemente,
la mayoría de las personas se estresan o hasta se dan por vencidos
en medio de un programa apretado. Pero no Jesús. Él tenía
otra forma de manejar la tensión de un día agitado tras otro:
"Levantándose muy de mañana, siendo aún muy oscuro, salió y
se fue a un lugar desierto, y allí oraba" (Mr. 1:35).

—Oración como un escape de la popularidad. Ni usted ni yo
debemos nunca evitar la oportunidad de imitar a Cristo ante un
mundo que observa. Pero tampoco debemos buscar la popularidad
o una posición de poder por las razones equivocadas. Estar bajo
la mirada del público puede conducir al autoelogio y al orgullo.
Jesús vio el peligro de permitirse a sí mismo convertirse en un
ídolo popular. Obviamente, no deseo en absoluto este tipo de
fama. Observe cómo Jesús manejó esto: "Se reunía mucha gente
para oírle, y para que les sanase de sus enfermedades. Mas él se
apartaba a lugares desiertos, y oraba" (Lc. 5:15-16).

—Oración después del éxito. Después que un grupo de
seguidores escogidos regresaba de un período de exitoso y
fructífero ministerio, Jesús oraba. Daba gracias al Padre por

usar a los humildes para hacer posible el ministerio: "En aquella misma hora Jesús se regocijó en el Espíritu, y dijo: Yo te alabo, oh Padre, Señor del cielo y de la tierra, porque escondiste estas cosas de los sabios y entendidos, y las has revelado a los niños" (Lc. 10:21).

—Oración ante una tumba. Lázaro, el buen amigo de Jesús había muerto. Jesús estaba a punto de realizar un milagro de resurrección en el cuerpo de su amigo. En su corazón, sabía lo que sucedería, pero en beneficio de los demás, Jesús: "alzando los ojos a lo alto, dijo: Padre, gracias te doy por haberme oído... pero lo dije por causa de la multitud que está alrededor, para que crean que tú me has enviado" (Jn. 11:41-42).

—Oración por la fe de un amigo. Jesús trató de advertir a Pedro de una próxima prueba de su fe. Sin embargo, Pedro aún no sabía lo que iba a suceder. Debido a su preocupación por la fe de Pedro y su conocimiento del rigor de las pruebas espirituales, Jesús le dijo a Pedro: "pero yo he rogado por ti, que tu fe no falte; y tú, una vez vuelto, confirma a tus hermanos" (Lc. 22:32).

—Oración por sus enemigos. ¿Cómo deben los cristianos tratar a los que los maltratan? ¿A los que los insultan? ¿A los que los acusan injustamente? ¿A los que mienten sobre ellos? ¿A los que causan dolor en sus vidas? Jesús sufrió todas estas terribles circunstancias y conocía la manera perfecta de manejarlas. Oraba. Él practicaba lo que predicaba en Lucas 6:27-28: "Pero a vosotros los que oís, os digo: Amad a vuestros enemigos, haced bien a los que os aborrecen; bendecid a los que os maldicen, y orad por los que os calumnian". Incluso estando en la cruz, Jesús oró: "Padre, perdónalos, porque no saben lo que hacen" (Lc. 23:34).

—Oración desde la cruz. Desde el principio hasta el fin de su tiempo en la tierra, Jesús llevó una vida de oración. De hecho, su último aliento lo usó para orar: "Padre, en tus manos encomiendo mi espíritu" (Lc. 23:46). Imitemos la extraordinaria vida de oración de Jesús en todo momento, incluso ante la muerte.

Una enseñanza para aprender acerca de la oración

No es necesario adentrarse mucho en la lectura de los Evangelios para percibir la importancia de la oración en la vida de Jesús. Nunca dejó de consultar al Padre antes de comenzar el día. Y nunca dejó de darle las gracias al Padre al final del día. La enseñanza está clara: Si la oración era tan importante en la vida de Dios el Hijo, ¿no debiera ser importante también para usted y para mí? ¿Por qué no confirmamos lo importante que es la oración desarrollando la costumbre de orar? "Estad siempre gozosos. Orad sin cesar. Dad gracias en todo" (1 Ts. 5:16-18).

Jesús enseñó acerca de la oración con ayuno: El ayuno se practicaba frecuentemente en relación con hechos importantes en la Biblia. Por ejemplo, el pueblo de Dios ayunaba antes de confesar sus pecados (1 S. 7:6-10). Daniel ayunó antes de orar a Dios sobre la restauración de los judíos a su patria (Dn. 9:3). Pablo y su equipo de misioneros oraban y ayunaban antes de tomar decisiones importantes.

Y también vemos el ayuno en la vida de Jesús. Ayunó durante

40 días después de ser bautizado (Lc. 4:2). Enseñó sobre la oración y el ayuno (Lc. 5:35). En una ocasión, hizo énfasis en la necesidad de la oración y del ayuno para un asunto difícil (Mt. 17:21). También supuso que el ayuno sería una parte normal en la vida espiritual de una persona cuando dijo: "Cuando ayunéis..." (Mt. 6:16).

Una enseñanza para aprender acerca de la oración

El ayuno no es una práctica común para la mayoría de los creyentes de hoy día. Pero a través de los siglos, los cristianos se han beneficiado de la disciplina de ayunar mientras se concentraban en los asuntos espirituales y en buscar la sabiduría de Dios sobre asuntos importantes. Jesús no necesariamente hizo hincapié en el ayuno, pero tampoco lo dio por descontado. Él mismo ayunaba cuando oraba. Entonces, la próxima vez que usted tenga que tomar una decisión importante o tenga una necesidad urgente de recibir fortaleza y sabiduría de Dios, trate de ayunar mientras dedica tiempo a orar.

Jesús enseñó a otras personas a orar: ¿Nunca ha sentido como si realmente no supiera orar? Asistimos a una reunión de oración y todos los presentes se ven muy naturales y relajados mientras oran. Después, cuando nos marchamos, descubrimos que estamos deseando que alguien nos pueda enseñar a orar.

Eso fue lo que sucedió con los discípulos de Jesús. Muchos de ellos habían observado a Juan el Bautista orar. Después, cuando siguieron a Jesús, lo observaron a Él orar. Vieron su amor por la oración y cuando lo escucharon orar, se dieron cuenta del poder y de los beneficios de la oración. Entonces, fueron al Maestro de la oración y le pidieron que los enseñara cómo orar (Lc. 11:1).

Fue en este momento de su ministerio que Jesús ofreció una oración modelo, no solo a sus discípulos de aquel entonces, sino a usted y a mí, sus discípulos de hoy. La oración, que se encuentra en Mateo 6:9-13 es lo que muchos llaman: "El Padre nuestro". Pero es en realidad: "La oración de los discípulos". Jesús nos enseña a orar "de esta manera":

- Ore debido a una relación: "Padre nuestro"
- Ore con respeto y honor: "santificado sea tu nombre"
- Ore con un corazón expectante: "Venga tu reino"
- Ore con una actitud de siervo: "Hágase tu voluntad, como en el cielo, así también en la tierra
- Ore con dependencia: "El pan nuestro de cada día, dánoslo hoy"
- Ore como pecador: "Y perdónanos nuestras deudas"
- Ore con un corazón indulgente: "como también nosotros perdonamos a nuestros deudores"
- Ore para tener un espíritu exigente: "Y no nos metas en tentación, mas líbranos del mal"
- Ore con un corazón confiado: "porque tuyo es el reino, y el poder, y la gloria, por todos los siglos"

Una enseñanza para aprender acerca de la oración

Jesús le enseñó a sus seguidores cómo orar dándoles una oración modelo. Él no estaba sugiriendo que esta oración, al decirla, fuera una fórmula especial que asegura que Dios lo oye a uno. Más bien, Jesús estaba brindando una guía, un método, una muestra de algunos de los elementos que deben tenerse en cuenta cuando se ora. Esta oración en Mateo 6:9-13 no es para que simplemente se memorice y se recite reflexionando poco o nada. Las palabras que se dicen al orar no tienen significado a menos que broten de un corazón sincero. Así, pues, tómese el tiempo en analizar la forma en que usted ora y siga el modelo de Jesús.

Jesús oró por otras personas: La intercesión por otras personas ha sido una característica predominante de los extraordinarios hombres y mujeres de la Biblia. Pero con las oraciones de Jesús en general y su oración en Juan 17 en particular, vemos cómo la intercesión se lleva a un plano nuevo y celestial. En Juan 17, Jesús oró por sus discípulos entonces y por nosotros ahora, en lo que un autor ha calificado como: "Santo entre los santos del Nuevo Testamento".[31]

Esta oración, dicha solo unas horas antes de la traición a Jesús, el juicio y la crucifixión, es verdaderamente: "El Padre nuestro". Aunque se oró en la tierra, revela el futuro ministerio de intercesión celestial del Señor. En esta gran oración de comunión del Hijo con el Padre, Jesús intercede en tres niveles.

—Primero, Jesús oró por sí mismo (Jn. 17:1-6). No oró por su rescate. En vez de eso, oró por que su obediencia lo llevara de vuelta al Padre, de vuelta a la gloria que tenía antes de su encarnación. Jesús oró: "Yo te he glorificado en la tierra; he acabado la obra que me diste que hiciese" (v. 4).

—Segundo, Jesús oró por sus discípulos (17:6-19). Oró al Padre: "que los guardes del mal" (v. 15) y "Santifícalos" (v. 17) mediante la Palabra de Dios.

—Tercero, Jesús oró por todos los creyentes (17:20-26). Miró a través de los tiempos y oró por todos los que se convertirían en creyentes. Oró por su unidad (v. 21), por que el Espíritu morara en ellos (v. 22), y por que un día todos los creyentes estuvieran con Él en el cielo (v. 24)

Una enseñanza para aprender acerca de la oración

El mundo es un campo de batalla espiritual. De la oración de Jesús en Juan 17 aprendemos que Satanás y sus fuerzas están en una gran batalla contra Dios por los corazones y las almas de los hombres. Por lo tanto, Jesús intercedió y continúa intercediendo, pidiéndole al Padre que nos guarde a usted y a mí del poder de Satanás. Jesús oró por que el Padre nos mantuviera separados del mundo, puros y unidos bajo la bandera de la verdad de las Escrituras.

¿Está siguiendo usted el ejemplo de Jesús y orando por otras personas? ¿Por su protección contra el mal? ¿Por su santidad? ¿Está orando por la unidad de su iglesia y entre los creyentes? El saber que Jesús está intercediendo por usted y por mí nos debe dar una gran confianza cuando nosotros también oramos y trabajamos por su reino.

Jesús oró por asistencia en la oración: La venida de Jesús y la cruz le añadió una nueva dimensión a la oración. Nosotros, en la era del Nuevo Testamento, tenemos a Jesús orando por nosotros (He. 7:25). Y para ayudarnos aún más, Jesús dijo: "Yo rogaré al Padre, y os dará otro Consolador, para que esté con vosotros para siempre" (Jn. 14:16). Ese Consolador es el Espíritu Santo, que es un intercesor que ora con nosotros y para nosotros, aun cuando no sepamos orar (Ro. 8:27).

Una enseñanza para aprender acerca de la oración

¡Qué gran recurso tiene usted en el Espíritu Santo como creyente del Nuevo Testamento! Jesús prometió no solo mediar por usted a la diestra del Padre, sino que también le ha dado un intercesor en el Espíritu Santo. Qué poderosas son sus oraciones mientras ascienden a Dios el Padre, enriquecidas por el ministerio de Dios el Espíritu Santo y mezcladas con las oraciones intercesoras de Dios el Hijo.

Con esta cantidad de asistencia divina, ¡"lejos esté" que no tomemos parte en la intercesión con regularidad (1 S. 12:23)!

Jesús es el más grande maestro que haya existido. Sus palabras nos instruyen hoy y su ejemplo nos guía. Él enseñó a los doce apóstoles y a todos los creyentes desde entonces, a orar siendo un Hombre de extraordinaria oración Él mismo. Igual que los discípulos, que al ver a su Maestro orar querían aprender a orar ellos, nosotros también debemos querer aprender a orar.

Si usted quiere saber sobre la importancia de la oración y cómo orar, entonces lea y estudie las extraordinarias oraciones de Jesús. Sea testigo de su vida de oración para usted mismo. Convierta los relatos sobre su vida y sus oraciones su constante compañero de lectura.

Principios de oración de la vida de
Jesús

La oración requiere fe.

La oración y la fe están unidas. La fe es la inspiración de la oración y la oración es la expresión de esa fe. Por lo tanto, la fe es fundamental para tener una fructífera vida de oración. Eso fue lo que Jesús quiso decir cuando expresó: "Y todo lo que pidiereis en oración, creyendo, lo recibiréis" (Mt. 21:22).

La oración requiere perdón.

El perdón también es necesario para una vida significativa de oración. El perdón de los pecados mediante la obra terminada de Cristo posibilita la relación apropiada y abierta con el Padre. Este perdón inmerecido debe moverlo a perdonar a otras personas. Él instruyó: "Cuando estéis orando, perdonad, si tenéis algo contra alguno, para que también vuestro Padre que está en los cielos os perdone a vosotros vuestras ofensas" (Mr. 11:25).

La oración requiere sinceridad.

Jesús declaró que la persona deberá ir al Padre en espíritu y en verdad (Jn. 4:24). Él reaccionó ante la insinceridad de las oraciones de los líderes religiosos de su época. Les pidió a sus seguidores que se negaran a orar por aprobación pública o con falta de sinceridad. Dijo: "Cuando ores, no seas como los hipócritas; porque ellos aman el orar en pie en las sinagogas y en las esquinas de las calles, para ser vistos de los hombres" (Mt. 6:5). La manera correcta de orar es con un sentido de urgencia e impaciencia, comprendiendo que nos acercamos a Dios mismo en oración. Cuando usted esté apesadumbrado con problemas que hay que solucionar, asegúrese de acercarse a Dios con humilde sinceridad.

La oración debe ser un modo de vida.

La oración debe ser tan vital para usted como comer, dormir y respirar. Su vida de oración no debe reservarse para un determinado día de la semana o confinada a una parte de una ceremonia religiosa. La oración es una conversación con Dios, no con los hombres y debe estar en el centro de su relación incesante con Dios. La profundidad de la relación de Jesús con el Padre fue revelada por la cantidad de tiempo que Él dedicaba a orar. Cuando usted ora, usted refleja el modo de vida mismo de Jesús: una vida de oración.

$\mathcal{L}$istado general de principios de oración

$\mathcal{A}$braham

La oración protege contra tomar los asuntos en nuestras manos.

Cuando usted tenga que tomar una decisión, ore y pregunte: "¿Qué quiere Dios que yo haga?" Esto muestra su dependencia del Señor para su ayuda y su guía.

La oración protege contra tomar decisiones apresuradas.

Si es necesario tomar una decisión apresurada y no hay tiempo para orar, la respuesta debe ser no. convierta esto en un principio personal: "No se toman decisiones sin orar".

La oración protege contra la influencia de familiares y amigos.

La familia y las amistades pueden ayudar pero cuando usted ora, es capaz de buscar la infinita sabiduría de Dios en vez del limitado conocimiento de los hombres.

La oración protege contra la influencia de la cultura.

Absténgase de tomar decisiones culturalmente matizadas. La oración lo obliga a preguntar: "Dios, ¿cuál es tu norma?"

La oración protege contra pasar por alto la voluntad de Dios.

Para garantizar que sus sentimientos y deseos no impidan que usted escoja la voluntad de Dios, ore hasta que su corazón y sus sentimientos sean neutrales y se abran verdaderamente a la conducción de Dios.

Moisés

La oración examina los motivos.

Para hacer las cosas a la manera de Dios, hay que hacer una pausa para orar y evaluar los motivos preguntándole a Dios: "¿Por qué estoy haciendo esto?"

La oración perfecciona los métodos.

Cuando usted ora: "Señor, ¿cómo quieres que haga esto?" Dios lo guía hacia su voluntad y le muestra los métodos que debe usar o el camino que debe andar.

La oración refrena las emociones.

Evite las consecuencias de decisiones basadas en las emociones orando a Dios para que le calme el corazón. Recuerde, la persona sabia ora y obedece, mientras que el tonto peca y sufre.

La oración vuelve a examinar las opciones.

Tratar los problemas y las alternativas con Dios le da tiempo para pensar y tomar decisiones que lo honren.

La oración regula el tiempo.

Su servicio a Dios está regulado por el tiempo perfecto de Dios. La oración lo ayuda a sincronizar su tiempo con el plan de Dios y usted va madurando mientras espera.

La oración enumera nuestros recursos.

Cuando la situación parece desesperada, acudir a Dios en oración ayuda a recordar que Dios ya nos ha dado todas las cosas que pertenecen a la vida y a la piedad (2 P. 1:3).

Ana

La oración no exige ni forma ni método.

Hablada o no, la oración es el sincero deseo del corazón. No importa ni la forma ni el método. Lo que importa es que ore.

La oración hace renacer la alegría.

Aunque orar puede no cambiar la situación, permite sentir alegría en medio de ella. Entregarle los problemas a Dios permite enfrentar las dificultades de la vida con alegría.

La oración restaura la confianza.

Usted puede marcharse después de la oración sincera con la total confianza de que Dios lo ha oído y que su situación está en sus manos. Él lo resolverá (Ro. 8:28).

La oración deposita los problemas en Dios.

Cuando nada parezca salirle bien y se sienta improductivo e inútil, ore. Por medio de la oración, puede descargar los problemas en Dios, el "Gran solucionador de problemas".

La oración da como resultado la tranquilidad.

Dios quiere que le cedamos nuestras ansiedades y en cambio, Él promete darnos paz interior.

Samuel

La oración constituye un ejercicio espiritual para todas las edades.

No importa qué edad tenga, qué sepa acerca de la oración o si tuvo padres que le enseñaron a orar, siempre puede hacerse partícipe del ejercicio espiritual de la oración. Sencillamente, hable con Dios. La oración es un ejercicio espiritual en el que todos podemos participar.

La oración cambia las cosas.

Mientras ore usted, más demuestra su dependencia de Dios, y más será transformado. La oración le hace desear vivir conforme a las normas de Dios.

La oración necesita un corazón puro.

Una oración eficaz necesita un corazón puro. Siga el consejo de la Biblia y examine su corazón regularmente. Pida a Dios que busque en su corazón y hágase el propósito de confesar cualquiera y todos sus pecados.

La oración es un privilegio de todos los creyentes.

Nadie entenderá jamás cómo encaja la oración en los planes de un Dios soberano. Sin embargo, Dios nos pide que oremos. Tome dicho privilegio en serio y decídase a orar fielmente por otros.

La oración es una responsabilidad de todos los creyentes.

Todo privilegio supone una responsabilidad. Las Escrituras le hacen un llamado a que acepte su obligación de orar sin cesar.

Responda el llamado de Dios a orar y coseche las bendiciones de una vida de oración.

David

La oración le da la percepción correcta.

Es fácil que las cosas de este mundo lo distraigan a uno y pierda de vista todas las opciones. La oración le ayuda a ver las cosas con una percepción celestial ilimitada.

La oración debe impregnar sus días.

Deje que la oración invada cada una de las horas y acciones de sus días. Cada inspiración debe convertirse en una oración que se expira.

La oración muestra una actitud de confianza.

Cuando ora, está confiando en Dios para las consecuencias. Denota una actitud de confianza total en que Dios supervisa su vida.

La oración debe ser sencilla.

Las oraciones que causan mayor impresión son las que se expresan con sinceridad y sencillez. Cuando ore desde su corazón, sus oraciones serán sencillas y apasionadas.

Nehemías

La oración puede ofrecerse en cualquier lugar y en cualquier momento.

Dios está en todas partes todo el tiempo, así que, puede orar en cualquier parte en cualquier momento. No espere nunca: "La hora exacta" o "el lugar adecuado" para elevar sus plegarias a nuestro Dios siempre presente.

La oración debe ser una actitud y un hábito constante.

Tener siempre conciencia de la presencia de Dios conduce al hábito de la oración perpetua. Si Dios nunca se aparta de su mente, la oración se hará un hábito, un estilo de vida.

La oración no sustituye la acción.

Debemos balancear las oraciones y las acciones, la fe en Dios y el seguir a Dios, las oraciones por la voluntad de Dios y el hacer la voluntad de Dios. No posponga, en nombre de la oración, la realización de una acción que usted sabe que es correcta.

La oración revela su relación con Dios.

Una relación cercana con Dios no surge de una vida repleta de oraciones ocasionales. La cantidad de tiempo que invierta en orar revela la medida de su cercanía con el Padre.

Job

La oración ayuda a comprender mejor la mente de Dios.

Aunque puede que usted no vea o comprenda las razones de los problemas de la vida, mediante la oración, podrá entender mejor la voluntad de Dios y sus intenciones para usted.

La oración estimula el examen de conciencia.

Por medio de la oración, busque el propósito superior de Dios en los vericuetos de su vida. Déle las gracias, también, de que su gracia lo sostendrá durante todas las incertidumbres de la vida.

La oración reorienta su perspectiva.

Cuando usted se descubra concentrándose en sus problemas, ore y concéntrese en la persona de Dios. La oración hace que usted cambie la mirada de sus propios problemas y la dirija hacia arriba al trono de Dios.

La oración restaura las relaciones.

Usted no puede estar enojado con alguien y a la misma vez orar por él o por ella. La oración por los que lo han ofendido o lastimado ayuda a perdonar y restablece las relaciones.

𝒥eremías

La oración es su respuesta a la obra de Dios.

Dios está constantemente ocupado en la historia y en la vida de las personas que nos rodean. Su respuesta espiritual debe ser asociarse a Dios y orar por los demás.

La oración fortalece la relación con Dios.

Para cultivar cualquier relación se requiere tiempo. Para conocer mejor a Dios y profundizar en su relación con Él, comprométase a dedicar más tiempo a orar.

La oración no garantiza una respuesta positiva.

El hecho de que usted ore no significa que obtendrá por lo que usted ora. Ore fielmente y deje las respuestas a Dios.

La oración le permite revelar sus pensamientos más íntimos.

Cuando esté en presencia de Dios en oración, exponga libremente su vida a Él. Sea sincero, exprese sus sentimientos y ábrase al amor de Dios.

La oración fomenta el avivamiento espiritual.

El denominador común en el avivamiento espiritual es la oración. Cuando se trata del fervor de su corazón, la oración abre su alma al poder transformador del Espíritu.

La oración fortalece la determinación.

Es fácil desanimarse. La oración nos da aliento cuando vemos nuestros problemas desde la perspectiva de Dios. Y recuerde que nada es demasiado difícil para Él.

Daniel

La oración da como resultado una visión inspirada.

Sin la oración, la percepción espiritual disminuye y nos lleva al desaliento y la derrota. La oración reactiva la visión espiritual y nos permite ver a través de nuevos ojos: los ojos de Dios.

La oración garantiza una audiencia inmediata con Dios.

No es necesario pedirle una audiencia a Dios. Cuando usted ora, está inmediatamente en presencia del Dios del universo.

La oración da como resultado una sabiduría inspirada.

Cuando usted tiene comunión con Dios por medio de la oración y estudia su palabra, recibe la sabiduría necesaria para comprender las cosas de Dios.

La oración nos provee de la fortaleza necesaria.

Cuando necesite energía espiritual, espere por el Señor en oración. Dios remplazará el cansancio con su fuerza y usted levantará: "alas como las águilas" (Is. 40:31).

La oración aleja el miedo.

No hay mejor manera de crecer en fe y confianza en Dios que ser firme en la oración. Orar por valentía y confianza transforma el miedo en fe.

María

La oración prepara el camino para aceptar la voluntad de Dios.

La vida es una cadena continua e indivisa, una oportunidad constante para preferir seguir a Dios. Orar de manera regular le crea el hábito de aceptar la voluntad de Dios cada día y a cada paso.

La oración cultiva un corazón obediente.

Presentarse ante el Señor con actitud de siervo sumiso cultiva un corazón que complace a Dios. Cuando usted ora para hacer suya la voluntad de Dios, lo glorifica a Él.

La oración es una oportunidad para alabar y adorar.

La oración brinda oportunidad tras oportunidad para adorar a Dios como nuestro Creador y para alabarlo por su bondad y su misericordia. Engrandezca al Señor y deje que fluyan su alabanza y su adoración.

La oración es un ejercicio reflexivo.

La oración es una disciplina seria que requiere una cuidadosa preparación. Requiere que se reflexione cuidadosamente acerca de a quién nos estamos dirigiendo, Dios y qué estamos pidiendo y por qué.

La oración genera fortaleza espiritual.

Es un misterio, pero la oración, de alguna manera, fortalece, renueva y rejuvenece el alma. Conversar con Dios le recuerda que Él está junto a usted, incluso en medio del dolor y las penas.

*P*ablo

La oración debe ser con entendimiento.

Estudie la Palabra de Dios y las oraciones de los hombres y mujeres de Dios para aprender a orar con mayor comprensión. Conocer más de Dios dará realce a sus conversaciones con Él.

La oración cuenta con la asistencia del Espíritu Santo.

El Espíritu Santo es un miembro vital de su: "Equipo de oración". Cuando no esté seguro de cómo orar, el Espíritu estará ahí para ayudarlo.

La oración debe concentrarse en cuestiones espirituales.

Concentre sus oraciones en el reino espiritual. Las preocupaciones físicas tienen su lugar en la intercesión, pero siempre deben tener un carácter secundario, después del orar por el bienestar espiritual de otros.

La oración no siempre recibe respuesta inmediata.

Las respuestas de Dios a sus oraciones pueden tardar años en llegar pero confíe en que Dios buscará el momento justo para darle respuesta a sus oraciones, de acuerdo con su propósito. La respuesta vendrá justo en el momento preciso, cuando más falta haga.

Jesús

La oración requiere fe.

La fe es fundamental para tener una fructífera vida de oración. La oración y la fe están unidas. La fe es la inspiración de la oración y la oración es la expresión de esa fe.

La oración requiere perdón.

El perdón es necesario para una vida significativa de oración. El perdón de sus pecados mediante Jesucristo posibilita que usted ore y lo mueve a perdonar a otras personas.

La oración requiere sinceridad.

Jesús enseñó que un elemento básico de la oración es el de mostrar respetuosa sinceridad y comprender que nos acercamos a Dios mismo. Cuando usted se acerque a Dios, hágalo con un espíritu de humildad.

La oración debe ser un modo de vida.

La oración debe ser tan vital para usted como comer, dormir y respirar. Debe estar en el centro de su relación incesante con Dios y debe constituir un modo de vida.

𝒩otas

1. Herbert Lockyer, *All the Prayers of the Bible* [Todas las oraciones de la Biblia] (Grand Rapids: Zondervan, 1973), p. 31.
2. Fred H. Wight, *Manners and Customs of Bible Lands* [Usos y costumbres en las tierras bíblicas] (Chicago: Moody Press, 1978), p. 136. Este libro está publicado en castellano por Editorial Portavoz.
3. Citado en Terry W. Glaspey, *Pathway to the Heart of God* [Un sendero al corazón de Dios] (Eugene, Oregon: Harvest House Publishers, 1998), p. 76.
4. J. C. Ryle, citado en Terry W. Glaspey, *Pathway to the Heart of God* [Un sendero al corazón de Dios] (Eugene, Oregon: Harvest House Publishers, 1998), p. 24.
5. Citado en Paul L. Tan, *Encyclopedia of 7700 Illustrations* [Enciclopedia de 7700 ilustraciones] (Rockville, Maryland: Assurance Publishers, 1984), p. 1052.
6. Vea Colosenses 1:9; 1 Tesalonicenses 5:25; 2 Tesalonicenses 3:1.
7. 1 Samuel; 2 Samuel; 1 Crónicas 11–29.
8. Charles Caldwell Ryrie, *The Ryrie Study Bible* [La Biblia de

estudio Ryrie] (Chicago: Moody Press, 1976), p. 436. Esta Biblia de estudio está publicada en castellano por Editorial Portavoz.

9. J. D. Douglas, editado por, *The New Bible Dictionary* [El nuevo diccionario de la Biblia] (Grand Rapids: Eerdmans Publishing Co., 1978), p. 1322.

10. Salmos 139:1; 140:1; 141:1.

11. Rick Warren, *The Purpose-Driven Life* [Una vida con propósito], (Grand Rapids: Zondervan, 2002), p. 17.

12. Warren, *The Purpose-Driven Life* [Una vida con propósito], p. 17.

13. Las fechas del calendario hebreo son desde Kislev hasta Nisán, 1:1–2:1.

14. Nehemías 2:19; 4:1-3; 4:7-23; 6:1-4; 6:5-9; 6:10-14; 6:17-19.

15. Vea también: Nehemías 4:9; 6:9, 14.

16. Vea también versículos 19, 25, 27 y 32.

17. Lockyer, *All the Prayers of the Bible* [Todas las oraciones de la Biblia], p. 95.

18. Joni Eareckson, Joni (Grand Rapids: Zondervan, 1977).

19. Lockyer, *All the Prayers of the Bible* [Todas las oraciones de la Biblia], p. 138.

20. Vea Jeremías 11:18-23; 26:15-16.

21. Vea Jeremías 7:16; 11:14; 14:11.

22. Robert Jamieson, A. R. Fausset, David Brown, *Commentary on the Whole Bible* [Comentario de toda la Biblia] (Grand Rapids: Zondervan, 1971), p. 611.

23. Vea Jeremías 11:19-21; 12:6; 20:1-2; 20:10; 26:8; 36:23.

24. Vea Esdras 8:23; Nehemías 9:1; Ester 4:1, 3, 16.

25. William Hendricksen, *Exposition of the Gospel According to Luke* [Presentación de la Biblia según Lucas] (Grand Rapids: Baker Books, 1978), p. 110.

26. E. M. Bounds, *The Complete Works of E. M. Bounds on Prayer* [Obras completas de E. M. Bounds acerca de la oración] (Grand Rapids: Baker Books, 1990), p. 544.

27. Vea 1 Samuel 1:7,18; 7:6; Nehemías 1:4; Daniel 9:3; Lucas 4:2.

28. John MacArthur, *1 & 2 Thessalonians* [1 y 2 Tesalonicenses] (Chicago: Moody Press, 2002), p. 186.

29. Vea Epístolas del apóstol San Pablo a: Efesios, Filipenses, Colosenses, Filemón.

30. Vea Romanos 1:9; Efesios 1:16; Colosenses 1:9; 1 Tesalonicenses 1:2.

31. Lockyer, *All the Prayers of the Bible* [Todas las oraciones de la Biblia], p. 227.

Necesitamos la ayuda de Dios... ¡y rápido! Deborah Smith Pegues, especialista en comportamiento humano y autora de *Controla tu lengua en 30 días* (con más de 280.000 copias vendidas), ofrece a los lectores una guía de oración para momentos de crisis que cubre todas las circunstancias y necesidades de la vida actual. Breves, inmediatas y sinceras, estas oraciones traen la Palabra de Dios a la mente del lector que levanta gritos pidiendo:

- Ayuda en medio de las batallas del hogar
- Orientación y control financieros
- Poder para resistir las tentaciones
- Guía en las decisiones importantes
- Consuelo en medio del dolor

ISBN: 978-0-8254-1792-4

Disponible en su librería cristiana favorita o en www.portavoz.com

La editorial de su confianza